Forschungsinstitut der Friedrich-Ebert-Stiftung
Abt. Arbeits- und Sozialforschung

**Gesprächskreis Arbeit und Soziales
Nr. 22**

Partizipationschancen ethnischer Minderheiten

Ein Vergleich zwischen Großbritannien, den Niederlanden und der Bundesrepublik Deutschland

Eine Tagung
der Friedrich-Ebert-Stiftung
vom 7.–9. Dezember 1992 in Bonn

ISBN 3-86077-187-6

Herausgegeben vom
Forschungsinstitut der Friedrich-Ebert-Stiftung
Abt. Arbeits- und Sozialforschung
Godesberger Allee 149, 53175 Bonn
Oktober 1993

Druck: satz + druck GmbH, Düsseldorf
Printed in Germany 1993

Inhalt

Günther Schultze
Vorbemerkung 5

Friedrich Heckmann
Nationalstaat, multikulturelle Gesellschaft und ethnische Minderheitenpolitik 7

Peter Kühne
Beteiligungschancen und Repräsentanz von Migranten in der Arbeitswelt 19

John Rex
Chancengleichheit und multikulturelle Gesellschaft in Großbritannien 33

John Wrench
Ethnische Minderheiten und Organisation am Arbeitsplatz in Großbritannien: Gewerkschaften, Mitbestimmung und Rassismus 51

Rinus Penninx
Einwanderungs- und Minoritätenpolitik der Niederlande 77

Janny Arends
Junge Migranten auf dem niederländischen Arbeitsmarkt 107

J.J.H.M. Metzemakers
Politik machen mit den Menschen, um die es geht 115

Referenten, Tagungs- und Diskussionsleitung 125

Reihe "Gesprächskreis Arbeit und Soziales" 126

Vorbemerkung

Nach wie vor sind in Deutschland die ehemaligen "Gastarbeiter" aus den Mittelmeerländern, die inzwischen längst zu Einwanderern geworden sind, von den entscheidenden politischen Entscheidungsprozessen ausgeschlossen, werden auf vielfältige Art und Weise diskriminiert und sind im Vergleich zu Einheimischen in zentralen gesellschaftlichen Teilbereichen, wie Wohnungssituation und Arbeitswelt, benachteiligt. Es ist dringend erforderlich, daß die deutsche Gesellschaft, vor allem aber die Politik, der Tatsache Rechnung trägt, daß ethnische Minderheiten integraler Bestandteil unserer Sozialstruktur sind. Nicht Ausgrenzung, sondern Einbeziehung muß die einzige politische Strategie sein, um den Herausforderungen und Problemen einer multikulturellen Gesellschaft gerecht werden zu können.

Von den in anderen europäischen Ländern existierenden Mechanismen und Instrumenten zur Integration der Zuwanderer können wir einiges lernen. Angesichts der unterschiedlichen politischen Gestaltungsprinzipien und Institutionen und der historisch gewachsenen Verbindlichkeiten ist offensichtlich, daß einfache Kopierungen der differenzierten länderspezifischen Problematik nicht adäquat sind. Internationale Vergleiche können aber dazu dienen, das, was als unabänderlich, als "natürlich" in einer Gesellschaft erscheint, zu hinterfragen und alternative Lösungsansätze erkennbar zu machen.

Dies war auch die Zielsetzung der Veranstaltung des Gesprächskreises Arbeit und Soziales am 7. bis 9. Dezember 1992 in Bonn, auf der die Partizipationschancen ethnischer Minderheiten in verschiedenen westeuropäischen Einwanderungsländern diskutiert wurden. Anhand ausgewählter Beispiele - uns erscheinen die kommunale Ebene und die Arbeitswelt als besonders wichtige Bereiche, in denen Beteiligungen von Zuwanderern verwirklicht werden müssen - analysierten wir die jeweils existierenden Restriktionen und Lösungsansätze. Eine Auswahl der während dieser internationalen Konferenz gehaltenen Vorträge ist in dieser Broschüre enthalten. Sie geben einen ersten Eindruck der vielfältigen Möglichkeiten, ethnische Minderheiten in gesellschaftliche Prozesse einzubeziehen.

Unser Dank gilt der Franziska- und Otto-Bennemann-Stiftung, ohne deren finanzielle Unterstützung die Durchführung dieser Veranstaltung nicht möglich gewesen wäre. Außerdem gilt mein Dank Maha Rindermann, in deren Verantwortung die Organisation der Veranstaltung und die Erstellung dieser Broschüre lag.

Bonn, Oktober 1993   Günther Schultze

Friedrich Heckmann

Nationalstaat, multikulturelle Gesellschaft und ethnische Minderheitenpolitik*

1. Nationalstaat und ethnische Minderheitenpolitik

In der internationalen wissenschaftlichen Diskussion über Nation und Nationalstaat läßt sich - bei allen sonstigen Unterschieden und Gegensätzen - immer wieder eine Differenzierung in einen ethnischen und, auf der anderen Seite, einen politischen Nations- und Nationalstaatsbegriff feststellen. Wir werden im folgenden zeigen, daß zur Erklärung relevanter Unterschiede in der Minderheitenpolitik von Staaten die Unterscheidung eines ethnischen und eines politischen Nations- und Nationalstaatskonzepts sinnvoll ist.

1.1 Der ethnisch begründete Nationalstaat und Minderheitenpolitik

Der ethnisch begründete Nationalstaat, den wir am Beispiel Deutschlands diskutieren, beruht auf der politischen Ideologie des ethnischen Nationalismus. (Nationalismus wird hier nicht als kritischer Begriff eines überzogenen Nationalgefühls, sondern als Kategorie für eine politische und soziale Bewegung verstanden.) Der ethnische Nationalismus strebt ethnische Gemeinsamkeit als Fundament staatlicher Organisation an; ethnische und staatliche Grenzen sollen übereinstimmen.

Der ethnische Nationsbegriff definiert Nation als Volk mit "eigenem" Staat. Für das Verständnis des ethnischen Nations- und Nationalstaatsbegriffs ist also der Volksbegriff zentral. Nachdem der Volksbegriff bis in die Aufklärung ein abwertender Begriff gewesen war, erfuhr er unter dem Einfluß Herders eine dramatische Aufwertung und

---

* Der vorliegende Beitrag basiert auf Ausführungen des Autors in seinem Buch "Ethnische Minderheiten, Volk und Nation. Soziologie inter-ethnischer Beziehungen", Enke Verlag, Stuttgart 1992, insbes. S. 210-217.

"Nobilierung" (vgl. Schönemann 1989, S. 279). "Volk" wurde zu "Urvolk", zu einer ursprünglichen, "natürlichen", auf Abstammung beruhenden kulturellen und politischen Gemeinschaft (vgl. Heller 1963, S. 162). "Volk" wurde zum kollektiven Subjekt des Geschichtsprozesses und die Menschheit als in Völker gegliedert begriffen. Dieses kollektive Subjekt habe eine bestimmte Individualität und Persönlichkeit und sei durch einen spezifischen "Volksgeist" ausgezeichnet. Das Volk als Geschichtssubjekt begründet dann unter bestimmten Bedingungen "seinen" Staat, z.B. durch Zusammenschluß mehrerer kleinerer Staaten oder durch Herauslösung aus einem Staatsverband, und wird zur Nation; der resultierende Staat wird zum Nationalstaat.

Im ethnischen Nationalismus wird Ethnizität nicht nur zum Konstituierungsprinzip des neuen Staats, sondern auch für ethnische Minderheiten. Die Norm, Nationalstaaten als kulturell möglichst homogene Gebilde zu etablieren, macht die im Sinne der Nationalkultur heterogenen Gruppen, die im Staatsgebiet leben, zu ethnischen Minderheiten. Der "ethnische Nationalstaat" ist nicht nur ein allgemeines Legitimationsmuster staatlicher Organisation, sondern ein Prinzip, das praktische und konkrete Politik gegenüber ethnischen Minderheiten in verschiedenen Bereichen bestimmt. Wir wollen das an den Bereichen Akkulturation-Assimilierung, Staatsangehörigkeit und Einbürgerung sowie Fragen der politischen Partizipation aufzeigen.

Die Mehrzahl der auf der Welt existierenden Nationalstaaten hat Bevölkerungen, die ethnisch heterogen sind. Für den ethnischen Nationalstaat, der ethnische Homogenität anstrebt, sind im Staatsgebiet lebende ethnische Minderheiten ein Störfaktor, der die "nationale Einheit" bedroht. Durch Assimilierungspolitik versucht der Staat die nationale Einheit herzustellen und die ethnischen Minderheiten als separate Gruppen aufzulösen. Das Deutsche Reich von 1871 praktizierte z.B. in Schleswig-Holstein anti-dänische Politik und wollte seine polnischen Bewohner germanisieren; auch die Weimarer Republik erkannte zwar ethnische Minderheitenrechte in der Verfassung an, aber Erlasse und Verordnungen zum Minderheitenschutz, z.B. im Schulwesen und in der Verwaltung, blieben vage oder fehlten ganz.

Man sollte von einer Tendenz zur Assimilierungspolitik sprechen, die im ethnischen Nationalstaat "angelegt" ist, d.h. konkrete ethnische Nationalstaaten können durch Verträge, auf der Basis weiterer Wertvorstellungen oder politischer Leitbilder und Interessenlagen den ethnischen Minderheiten durchaus bestimmte kulturelle Rechte geben, aber diese müssen dem Staat gewissermaßen "abgerungen" werden.

Die ethnische Definition des Nationalstaates liegt auch dem deutschen Konzept von Staatsangehörigkeit und Staatsangehörigkeitspolitik zugrunde. Da sich die Nation als Abstammungsgemeinschaft mit gemeinsamer Kultur und Geschichte begreift, werden auch die Zugehörigkeit zu dieser Nation und die rechtliche Zugehörigkeit zum politischen Gemeinwesen, die Staatsangehörigkeit, eng aneinander gebunden. Die Konsequenzen dieses Prinzips sind sehr weitgehend und bedeuten:

- Die Nachkommen von deutschen Staatsbürgern gelten ebenfalls als deutsche Staatsbürger, selbst wenn sie - aus unterschiedlichen Gründen - die Rechte als Staatsbürger nicht wahrnehmen können;[1]
- Deutsche im ethnischen Sinn, vor allem also deutsche Minderheiten in verschiedenen Staaten Osteuropas, sind deutschen Staatsbürgern fast gleichgestellt; kommen sie als "Aussiedler" in die Bundesrepublik, wird ihnen die Staatsbürgerschaft zuerkannt;
- die Aufnahme in eine solche, sich als Abstammungs- und Kulturgemeinschaft verstehende Nation ist schwierig bzw. kann nur als Ausnahme begriffen werden, d.h. Einbürgerungen von Nicht-Deutschen sind ein Vorgang, bei dem hohe Hürden zu überspringen sind.

Als weitere Implikation der engen Verknüpfung von ethnischer und staatsbürgerlicher Zugehörigkeit ergibt sich in bezug auf die politischen Rechte von Einwandererminderheiten, daß der Satz "Alle Staatsgewalt geht vom Volke aus" ethnisch eingeengt wird; da politische Wahlrechte, wie erst ganz kürzlich durch das Bundesverfassungsgericht entschieden, auf Staatsbürger begrenzt sind, Staatsbürgerschaft und ethnische Zugehörigkeit aneinander gebunden sind, wird die Migrantenbevölkerung, die ihre Lebensperspektive in der Bundesrepublik hat, aber in ihrer ganz großen Mehrheit ohne deutsche Staatsbürgerschaft ist, von demokrati-

---

[1] Dies war bis vor kurzem für die Bürger der ehemaligen DDR als größter von diesem Grundsatz betroffener Gruppe der Fall.

schen Beteiligungsrechten ausgeschlossen. In der Wirklichkeit heißt das vor allem: ein beträchtlicher Teil der Arbeiterschaft, in manchen Großstädten bis zu 20%, ist ohne Wahlrecht auch auf der untersten Stufe, ist politisch ausgeschlossen. Das erinnert am Ende des 20. Jahrhunderts an Verhältnisse des 19. Jahrhunderts.

Die Hindernisse bei der Einbürgerung, die in der "Logik" des ethnischen Nationalstaates liegen, der Ausschluß vom Wahlrecht und die Regelung der wesentlichen Statusfragen über ein Ausländerrecht begründen insgesamt einen Ausländerstatus, der ein Bürger 2. Klasse ist.[2] Dieser Ausländerstatus wird auf solche "Inländer" übertragen, die als Kinder von Ausländern in der Bundesrepublik Deutschland geboren werden.

Die Beziehung des ethnischen Nationalstaats zu ethnischen Minderheiten zusammenfassend ließe sich resümieren: der ethnische Nationalstaat empfindet ethnische Minderheiten als Problem, als Verletzung seiner Staatsidee, ein Problem, das entweder durch Assimilierung und/oder Kontrolle der fremden Minderheiten gelöst werden muß.

1.2 Demotisch-unitarisches Nationskonzept und ethnische Minderheiten

Von dem gerade dargestellten ethnischen Nations- und Nationalstaatskonzept läßt sich eine politische Nationalstaatskonzeption unterscheiden. Politische Nationskonzepte begreifen Gemeinsamkeit, "Gemeinschaft" und Solidarität in der Nation als politisch begründet: die Gemeinsamkeiten von Wertvorstellungen, Institutionen und politischen Überzeugungen, und nicht eine gemeinsame "Abstammung" machen eine Nation aus. Als politische, nicht-ethnische Nationsbegriffe unterscheiden wir ein demotisch-unitarisches und ein ethnisch-plurales Konzept. Ich werde hier ausschließlich auf das demotisch-unitarische eingehen, da es für Deutschland eine größere Bedeutung hat.

---

2   Mit weiteren relevanten internen Differenzen innerhalb der ausländischen Bevölkerung, z.B. zwischen EG-Angehörigen und Nicht-EG-Angehörigen, könnte man auch von Bürgern 3. oder 4. Klasse sprechen.

"Volk" ist politisch zunächst eine Kategorie der Aufklärung und bürgerlichen Revolution, die die Quelle politischer Legitimation bezeichnet. Das Volk, und nicht der Fürst oder religiöse Instanzen, begründen legitime politische Herrschaft. "Volk" ist in diesem Sinne ein nicht-ethnisches, politisches und rechtliches Konzept, entwickelt gegen die Lehre von der Souveränität der Fürsten. Es bezeichnet eine politische Gemeinschaft, die die Quelle politischer Legitimation ist. Wie Francis mehrmals betont, ließen sich viele Konfusionen vermeiden, wenn man deutlicher zwischen ethnischem und politischem Volksbegriff, zwischen "ethnos" und "demos" unterscheiden würde (vgl. Francis 1965 und Lepsius 1986).

"Nation" ist historisch nicht eine makrogesellschaftliche Einheit, sondern ebenfalls ein innergesellschaftlicher, politischer Begriff, der zentrale Konfliktlinien im vorrevolutionären und revolutionären Frankreich bezeichnet:

- Zwischen der französischen Aristokratie und dem absoluten König; "Nation" zu sein, wird von der Aristokratie gegen den König in ihrem Bestreben reklamiert, legitime Herrschaft zu beanspruchen (vgl. Schönemann 1989, S. 281);
- in der französischen Revolution verkörpert "Nation" den Legitimationsanspruch des "Dritten Standes" auf politische Herrschaft in der Gesamtgesellschaft gegen die feudalen Kräfte.

"Nation" ist also ein innergesellschaftlicher Begriff, nicht ein Begriff, der Außenbegrenzungen des Staates meint.

Die Legitimität und das Funktionieren des neuen demokratischen Systems erforderte, daß die Bürger eine Einheit bilden sollten und unterstellt einen "allgemeinen Willen". Es schien deswegen das Recht und sogar die Pflicht des neuen Nationalstaates, alle Partikularismen, einschließlich ethnischer, einzuebnen und die Homogenisierung der Staatsbevölkerung, die der absolutistische Staat begonnen hatte, fortzusetzen und zu vollenden.

Faßt man vorhergehende Analysen zum demotisch-unitarischen Nationalstaat in bezug auf seine Haltung gegenüber ethnischen Minderheiten zusammen, läßt sich ausführen: im demotischen Nationalstaat ist aufgrund seiner zentralen Staatsideen eine Vereinheitlichungs- und Assimilierungstendenz "angelegt", die ethnische Vielfalt prinzipiell als problematisch erscheinen läßt. Hier besteht also, aus verschiedenen Gründen, eine Übereinstimmung zwischen ethnischem und demotisch-unitarischem Nationalstaat.

Aber es bestehen auch, auf der anderen Seite, relevante, für praktische und konkrete Politik folgenreiche Unterschiede, vor allem für die Politik gegenüber Einwandererminderheiten. Da sich der demotische Nationalstaat in seiner Legitimation nicht auf ethnische Abstammung beruft, ist er "offener" für Zuwanderer, zumindest in einem rechtlichen Sinne. Das Einbürgerungsrecht in Frankreich ist z.B. auf der Linie dieser Prinzipien eines der offensten in Europa. Diese Offenheit zeigt sich insbesondere

- an der Einfachheit und Leichtigkeit der Einbürgerung,

- dem Institut der Erklärungseinbürgerung, die bestimmten Personengruppen auf ihren Wunsch die Staatsbürgerschaft verleiht, ohne daß der Staat das verhindern könnte, und

- an den "automatischen" oder "halb-automatischen" Mechanismen des Erwerbs der Staatsbürgerschaft.

Mit der Offenheit des Staatsangehörigkeitsrechts im demotischen Nationalstaat Frankreichs entfallen auch in einem beträchtlichen Ausmaß die weiter oben dargestellten Probleme des Ausschlusses der Migrantenbevölkerung von der politischen Partizipation. Ausländerwahlrecht muß dann nicht zu einem zentralen Thema werden. Daß damit gesellschaftliche Probleme der Ungleichbehandlung, der ethnischen Vorurteile und der Diskriminierung weiterbestehen, muß wohl nicht gesondert hervorgehoben werden; aber die Bedingungen, diese Probleme anzugehen, sind günstiger. Prinzipiell ist das Wahlrecht die wichtigste Form demokratischer Interessenvertretung und erlaubt der Migrantenbevölkerung, Politiker für ihre Anliegen zu interessieren und zu gewinnen bzw. ihre eigenen Repräsentanten in die Politik zu schicken.

2. "Ausländer"- und Minderheitenpolitik in der Bundesrepublik

In diesem Abschnitt will ich auf die ethnische Pluralisierung der Bundesrepublik und einige Hauptdimensionen der politischen Diskussion und Auseinandersetzung um ethnische Minderheiten eingehen. Dabei wird von tagespolitischen Aspekten abgesehen und stattdessen versucht, strukturelle Problematiken aufzuzeigen. Eingegangen wird auf den Ausländerstatus der "neuen" ethnischen Minderheiten, damit zusammenhängend, aber gesondert diskutiert, auf Fragen der Interessenvertretung und politischen Partizipation der "Ausländer"; weiterhin sprechen wir über Aspekte einer zukünftigen Zuwanderung in die Bundesrepublik; schließlich über die mit allen diesen Fragen zusammenhängende Zukunft des Nationalstaates.

Die Lage der ethnischen Minderheiten im Nationalstaat Bundesrepublik Deutschland und das politische Bewußtsein der Mehrheitsgesellschaft über diese Thematik sind durch Paradoxien gekennzeichnet: die Bundesrepublik erklärt sich nach wie vor als Nicht-Einwanderungsland, erlebt aber schon seit vielen Jahren aufgrund ihrer Attraktivität ein Ausmaß an Zuwanderung wie nur wenige Länder auf der Welt. Angesichts dieser Fakten, aber auch unter Berücksichtigung des Arguments, daß Deutschland sicherlich kein klassisches Einwanderungsland wie etwa die USA oder Australien ist, sprachen wir schon vor zehn Jahren mit Bezug auf die "Gastarbeiter" vom Vorliegen einer "Einwanderungssituation" (Heckmann 1981); in jüngerer Zeit wird - bei Einsichtigen - davon gesprochen, daß die Migranten ihren Lebensmittelpunkt in der Bundesrepublik hätten, oder die Bundesrepublik sei ein De-facto-Einwanderungsland bzw. ein "unerklärtes Einwanderungsland". Zu den Paradoxien gehört es auch, daß "Inländer", die im Land geboren sind und nirgendwo anders gelebt haben und leben wollen, als Ausländer gelten, weil sie ausländische Eltern haben, und andere "Inländer" aus dem Ausland kommen und freien Zugang zur Staatsbürgerschaft haben, die häufig keine oder nur ganz wenige ethnische Merkmale als Deutsche, z.B. die deutsche Sprache, aufweisen, die aber "Abstammungsbeziehungen" zum deutschen Volk geltend machen können. Die genannten Sachverhalte hängen zusammen mit dem ethnischen Nationsbegriff in Deutschland.

Über die Einwanderung in die Bundesrepublik und das Verhältnis zu den verschiedenen Zuwanderergruppen gibt es privat wie in politischen Öffentlichkeiten leidenschaftliche Diskussionen. Während man in den 70er Jahren hierbei als Schlüsselbegriff über "Integration" stritt, steht heute vielfach das Wort von der "multi-kulturellen" Gesellschaft im Mittelpunkt der Auseinandersetzung. Von einigen als Schreckbild verstanden, von anderen als deskriptive Kategorie gemeint und von einer weiteren Gruppe schließlich als positiver normativer Begriff und normative Herausforderung interpretiert, spiegelt dieses Wort dennoch, daß ein bestimmtes "Seßhaftwerden der fremden Zuwanderer" stattgefunden hat und daß sich die ethnisch-kulturelle Zusammensetzung der Bevölkerung verändert hat. Alle drei Interpretationen übertreiben jedoch ein wenig; weder ist die nationale Identität der Deutschen bedroht, noch hat sich eine bisher ethnisch relativ homogene Bevölkerung in ethnisch-plurale Segmente aufgelöst, noch kann legitimerweise erwartet werden, daß sich überkommene nationale Wertvorstellungen über Nacht in einen kulturellen Pluralismus und Internationalismus auflösen. Das Reden von der multi-kulturellen Gesellschaft zeugt aber davon, daß sich wirklich etwas verändert hat, neue Problemlagen entstanden sind und die Gesellschaft versucht, sich dessen bewußt zu werden und damit auseinanderzusetzen. Wir glauben jedoch, daß mit den vorgenannten Problempunkten "Ausländerstatus", "Partizipationsproblematik von Nicht-Staatsbürgern", "Ausmaß der Zuwanderung" und "Zukunft des Nationalstaates" die anstehenden gesellschaftlichen Probleme exakter benannt werden können als mit der Formel von der "multi-kulturellen Gesellschaft". Das Hauptproblem der neuen ethnischen Minderheiten besteht darin, daß sie "anwesend, aber nicht zugehörig sind". Zwar bestehen eindeutige Zugehörigkeiten über die verschiedensten gesellschaftlichen Beziehungen, vom Wirtschaftsleben bis in den Freizeitbereich hinein, bis hin zur Verpflichtung, Steuern zu zahlen, aber die Nicht-Staatsangehörigkeit ist in entscheidender Weise auch eine gesellschaftliche Nicht-Zugehörigkeit und Ausschließung, die sich durch einen expliziten Ausländerstatus definiert.

Ausländer zu sein, bedeutet nicht nur etwas Rechtstechnisches, sondern ist eine gesamte Lebenslage. Der Ausländerstatus wird zentral definiert durch das Ausländergesetz, das mit seinen fast undurchdringlichen

Bestimmungen und Auflagen ein Ausländerkontrollgesetz ist.³ Die politischen Fragen, die sich um die neuen ethnischen Minderheiten entwickelt haben, sind dann auch nicht klassische Fragen einer ethnischen Minderheitenpolitik, sondern Fragen des Aufenthalts, der "Rückkehr",⁴ des Familiennachzugs, der Abschiebung, der Gewährung und es Ausschlusses von bestimmten wohlfahrtsstaatlichen Leistungen, kurz "Ausländerrecht".

Den Ausländerstatus zu verlassen ist schwer, durch hohe Hürden bei der Einbürgerung, aber auch, was den Doppelbindungen vieler Migranten gerecht würde, durch die Nicht-Zulassung doppelter Staatsangehörigkeit. Ausländerstatus bedeutet, vor allem für die über 3 Mio. Nicht-EG-Angehörigen, Unsicherheit des Aufenthalts, vielfach das Objekt von Diskriminierung und ethnischen Vorurteilen zu sein. Die gebetsmühlenartig wiederholte These, die Bundesrepublik sei kein Einwanderungsland, sichert den Ausländerstatus als gesellschaftliche Stellung zwischen Zugehörigkeit und Nicht-Zugehörigkeit legitimatorisch ab.

Den gesellschaftlichen Status der Ausländer zu verändern, ist schwierig; Nicht-Bürger können keine Bürgerrechtskampagnen führen. Die "civil-rights"-Bewegung in den USA ging eben um die Durchsetzung der formal bestehenden Rechte als Staatsbürger. Nur im Falle von Staatsangehörigkeit könnten auch klassische Lösungen ethnischer Minderheitenprobleme wie territoriale und personale Autonomie angewandt werden. Und solange die neuen ethnischen Minderheiten fremde Staatsangehörige sind, "steht ihnen nach geltendem Völkerrecht der Zugang zum Minderheiten- und Volksgruppenschutz nicht offen" (Kimminich 1985, S. 118).

---

3 Der Hamburger Jurist Rittstieg qualifiziert das neue Ausländergesetz als "ein kompliziertes Juristengesetz mit zahlreichen, unübersichtlichen Verweisungen ... In erster Linie bringt es nicht den Betroffenen mehr Rechtssicherheit, sondern perfektioniert das ausländerbehördliche Instrumentarium" (Rittstieg 1990, S. 1). Bei Einreise und Aufenthaltsbestimmungen sowie in weiteren Punkten gibt es relevante Vorteile für EG-Angehörige, die sie zu "Ausländern" 1. Klasse" machen.

4 Vgl. z.B. das Gesetz zur Förderung der Rückkehr ausländischer Arbeitnehmer aus dem Jahre 1983.

Teilaspekt des Ausländerstatus und der gesellschaftlichen Ausschließung ist der Ausschluß vom politischen Wahlrecht, kürzlich durch ein Urteil des Bundesverfassungsgerichts bekräftigt. De facto bedeutet er, einen relevanten Teil der Arbeiterschaft der Bundesrepublik von der politischen Partizipation auszuschließen, was an frühindustrielle Verhältnisse des 19. Jahrhunderts erinnert. Bei hohen Einbürgerungshürden ist mit dem Ausschluß von Nicht-Staatsbürgern vom (auch nur kommunalen) Wahlrecht eine Situation entstanden, die in demokratischen Gesellschaften als eine gravierende Legitimationslücke des politischen Systems bezeichnet werden muß. Die Interessenvertretung der "ausländischen Bevölkerung" ist darum auf vermittelte Formen über Beauftragte und Verbände und Organisationen der Mehrheitsgesellschaft wie Gewerkschaften, Kirchen oder Wohlfahrtsverbände angewiesen, die aus unterschiedlichen Gründen für Interessen der "Ausländer" einstehen.

Ein weiterer, gravierenderer Problempunkt im Zusammenhang der angesprochenen Fragen ist das Ausmaß zukünftiger Einwanderung in die Bundesrepublik. Durch die starke Zuwanderung der letzten Jahre sind in vielen gesellschaftlichen Bereichen Kapazitätsprobleme entstanden, die eine weitere Zuwanderung im bisherigen Ausmaß oder - im Zusammenhang mit Krisen in Osteuropa - über das bisherige Maß hinaus, zu einer weiteren Verschärfung von Infrastrukturproblemen im Bereich des Wohnens, des Arbeitsmarktes, des Bildungs- und sozialen Dienstleistungssystems führen müssen. Auch mit der Verschärfung ethnischer Vorurteilsprobleme wäre dann zu rechnen. Da die Bundesrepublik nicht die Probleme Osteuropas auf ihrem Territorium lösen kann, wird es zu Begrenzungen der Einwanderung kommen müssen; eine beginnende Diskussion um ein Einwanderungsgesetz mit bestimmten Quoten für verschiedene Zuwanderergruppen ist ein wichtiger Reflex auf diese Entwicklungen. Aber auch eine bessere Trennung von Problemen des politischen Asyls und solchen der "normalen" Arbeitsmigration aus wirtschaftlichen Gründen wird notwendig, um das Asyl nicht immer mehr zu einem "Ersatzweg" der Arbeitswanderung werden zu lassen.

Ein letzter Problembereich, der die Lage der ethnischen Minderheiten zentral angeht, ist schließlich die Zukunft des Nationalstaats, genauer müßte gesagt werden, des ethnisch-begründeten Nationalstaats. Von einem ethnischen hin zu einem stärker sich politisch und ethnisch-plural verstehenden Nations- und Nationalstaatsbegriff auf der Basis eines politisch-staatsrechtlichen Volksbegriffs zu gehen, wäre eine Voraussetzung auch eines anderen Staatsbürgerschafts- und damit Einbürgerungsverständnisses. Der ethnische Nationsbegriff kommt unter Druck durch die wachsende Internationalisierung, die nicht nur wirtschaftliche, kulturelle und soziale Bereiche umfaßt, sondern inzwischen auch den heiligsten Raum der Souveränität von Nationalstaaten, nämlich die Fragen von Krieg und Frieden erreicht hat: diese werden mit und für die Bundesrepublik international entschieden.

Als Fazit der auf die Bundeserpublik bezogenen Überlegungen läßt sich festhalten: Die Hauptproblematik besteht in der Lage der neuen ethnischen Minderheiten der Arbeitsmigranten. Praktisch und konzeptuell verhindert der Ausländerstatus, daß hier "klassische" Lösungen von Minderheitenproblemen angewandt werden können:

- Völkerrechtliche Minderheitenschutzverträge greifen nicht; sie sind auf nationale Minderheiten zugeschnitten, nicht für Einwanderungsminderheiten gedacht.

- Die Konzepte der personalen oder territorialen kulturellen Autonomie setzen einen rechtlichen Zugehörigkeitsstatus voraus.

- Bürgerrechtsbewegungen und "affirmative action" sind Bewegungen von und für Staatsbürger.

- Das Konzept des Niederlassungsrechts, d.h. die Gewährung zentraler staatsbürgerlicher Rechte an Nicht-Staatsbürger (wie z.B. des Wahlrechts), ist durch Verfassungsgerichtsentscheid zurückgewiesen worden.

In dieser Situation kann als politisches und rechtliches Mittel zunächst auf den wichtigsten Punkt des bisherigen Schutzes der neuen ethnischen Minderheiten, nämlich die Bewahrung und den Ausbau verfassungs- und allgemeinrechtlicher Regelungen, die für Staatsbürger wie für Nicht-Staatsbürger gelten, verwiesen werden. Das ist aber keine Strategie, die für die Migrantenbevölkerung wesentliche Fragen beantwortet, und für die Bundesrepublik nicht die gravierende Legitimationslücke ihres politischen Systems schließt. Ein konsequenter Schritt wäre darum die Aufhebung des Ausländerstatus durch die radikale Erleichterung der

Einbürgerung; das setzt auch ein Umdenken bei der ausländischen Bevölkerung selbst voraus. Damit wären nicht mit einem Zaubergriff die Probleme inter-ethnischer Beziehungen und die sozialen Probleme der Arbeitsmigranten beseitigt, aber grundlegend bessere Voraussetzungen für deren schrittweise Verbesserung gegeben.

Literatur

Francis, E.K.: Ethnos und Demos, Berlin 1965.

Heckmann, F.: Die Bundesrepublik: Ein Einwanderungsland. Zur Soziologie der Gastarbeiterbevölkerung als Einwandererminorität, Stuttgart 1981.

Heller, H.: Staatslehre, Leiden 1963.

Kimminich, O.: Rechtsprobleme der polyethnischen Staatsorganisation, München/Mainz 1985.

Lepsius, M.R.: "Ethnos" und "Demos". Zur Anwendung zweier Kategorien von Emerich Francis auf das nationale Selbstverständnis der Bundesrepublik und auf die Europäische Einigung, in: Kölner Zeitschrift für Soziologie und Sozialpsychologie 1986, S. 751-759.

Rittstieg, H.: Sozialer Rechtsstaat nicht für Ausländer. Stellungnahme zu dem Gesetzentwurf der Bundesregierung zur Neuregelung des Ausländerrechts vom 5.1.1990. Vervielfältigtes Manuskript, Universität Hamburg 1990.

Schönemann, B.: "Volk" und "Nation" in Deutschland und Frankreich 1760-1815, in: U. Hermann, J. Oelkers (Hrsg.): Französische Revolution und Pädagogik der Moderne, Zeitschrift für Pädagogik, Beiheft 24, Weinheim/Basel 1989, S. 275-292.

Peter Kühne

Beteiligungschancen und Repräsentanz von Migranten in der Arbeitswelt

700.000 Gewerkschaftsmitglieder nicht-deutscher Staatsangehörigkeit, unter ihnen etwa

- ca. 14.000 gewählte Vertrauensleute in den Betrieben,
- über 8.000 Betriebsräte,
- Hunderte von Betriebsratsvorsitzenden und stellvertretenden Betriebsratsvorsitzenden,
- Hunderte, die als Delegierte ein innergewerkschaftliches Vertretungsmandat wahrnehmen,

manifestieren zweierlei: Zum einen den Prozeß der Aktivierung ausländischer Arbeitnehmer/innen in der Arbeitswelt und der Inbesitznahme gewerkschaftlicher Strukturen und Handlungsmöglichkeiten. Zum anderen den Prozess einer Öffnung der Gewerkschaften und betrieblichen Interessenvertretungen für die Zuwanderer. Gewerkschaftliche Satzungen und Richtlinien und - nicht zuletzt - die Betriebsverfassung wurden verändert, Möglichkeiten demokratischer Beteiligung eröffnet.

Der Prozeß einer wechselseitigen Integration gewinnt noch dadurch an Profil, daß er während der 70er und frühen 80er Jahre stattfand, also in einer Phase extremer Unbestimmtheit der Situation ausländischer Arbeitnehmer und ihrer Verdrängung von den Arbeitsmärkten der Bundesrepublik Deutschland. Per Saldo 1 Million, darunter 300.000 bis 400.000 Gewerkschaftsmitglieder, verließ in dem Dezennium 1974-1984 das Territorium der Bundesrepublik Deutschland. Was der ökonomische Mechanismus mangelnder Nachfrage nach ausländischer Arbeitskraft allein nicht erzielte, wurde durch eine - nach Antritt der konservativ-liberalen Koalition 1982 - nochmals forcierte staatliche Ausländerpolitik bewirkt. Der massive ökonomisch-politische Abwanderungsdruck konnte allerdings nicht verhindern, daß die Bundesrepublik sich letztlich und paradoxerweise zu einem faktischen Einwanderungsland entwickelte. Auf der Grundlage des 1973 verhängten Anwerbestopps, der eine Wiederkehroption nach einmal vollzogener Rückwanderung ins Herkunftsland ein für allemal ausschloß, entschied sich der größere Teil der Migranten für eine Arbeits- und Lebensperspektive in der Bundesrepublik. Dies hatte bekanntlich den verstärkten Familiennachzug zur Folge, den erklärten Verbleibewillen Hunderttausender und damit auch eine verstärkte Zuwendung zu und Aktivierung in den Gewerkschaften. Per Saldo gingen sie als Gewinner aus jenen Jahren der Ungewissheit hervor.

I. Inbesitznahme gewerkschaftlicher Strukturen durch die Migrantinnen und Migranten

Die Tatsache, daß ausländische Arbeitnehmer/innen die deutschen Gewerkschaften als Medium der Artikulation ihrer spezifischen Interessen und im Vorfeld - als Medium einer kollektiven Selbstverständigung untereinander wie auch mit den deutschen Beschäftigten - nutzten und gewerkschaftliche Strukturen insofern "in Besitz nahmen", läßt sich u.a. anhand folgender Indikatoren verdeutlichen:

(1) Der inzwischen erreichte Organisationsgrad.

(2) Die absolute und prozentuale Zunahme ausländischer Mandatsträger/innen in den betrieblichen Interessenvertretungen, also in den Vertrauensleutekörpern und Betriebsräten.

(3) Die Konstituierung von Ausländerausschüssen als Personengruppenausschüsse.

(4) Die Beteiligung ausländischer Arbeitnehmer/innen an den Tarifauseinandersetzungen und Streiks.

(5) Die zunehmende Wahl Nicht-Deutscher in die Delegiertenversammlungen der Gewerkschaften, vor allem auf örtlicher Ebene.

(6) Die gewachsene und anhaltende Bildungsbereitschaft ausländischer Arbeitnehmer bezogen auf Angebote gewerkschaftlicher Bildung.

(7) Die gewachsene Zahl solcher ehrenamtlicher Gewerkschaftsfunktionäre, die in ein Beschäftigungsverhältnis bei den Gewerkschaften einrücken und als politische Sekretäre tätig sind.

Hier einige nähere Angaben zu den genannten sieben Indikatoren:

1. Organisationsgrad

1973 waren von ca. 2.500.000 ausländischen Arbeitnehmern ca. 500.000 in DGB-Gewerkschaften organisiert, 1985 von noch ca. 1.500.000 Beschäftigten ca. 600.000. Dies entsprach einer Steigerung des Organisationsgrades ausländischer Arbeitnehmer von 20% auf 36%. 1991, im Zeichen der deutschen Einheit, sind ca. 700.000 ausländische Beschäftigte Mitglieder einer DGB-Gewerkschaft. Das entspricht einem Organisationsgrad von 33,9%. Sie liegen damit Kopf an Kopf mit ihren deutschen Kolleginnen und Kollegen.

Der Organisationsgrad der Großgruppe von Einwanderern aus den ehemaligen Anwerbeländern (Italien, Spanien, Portugal, Jugoslawien, Griechenland und Türkei) liegt noch sehr viel höher. Sie rangieren Kopf an Kopf mit ihren deutschen Arbeiter-Kolleginnen und Kollegen. So waren 1989 DGB-weit 44,9% der Arbeiter/innen aus der Türkei, 45% derjenigen aus Griechenland, 41% derjenigen aus Spanien und 41,7% der Zuwanderer aus Italien Mitglied einer Gewerkschaft. In der IG Metall, die knapp die Hälfte aller Gewerkschaftsmitglieder ausländischer Nationalität organisiert (325.859), sind diese Prozentsätze noch etwas höher anzusetzen. Dies gilt in besonderer Weise für die Arbeiter/innen aus der Türkei. Frauen aus der Türkei konnten ihre deutschen Arbeitskolleginnen inzwischen deutlich überflügeln. Auffallend und besorgniserregend ist allerdings seit langem die Gewerkschaftsferne ausländischer Jugendlicher. Hier wurde bisher kein Durchbruch erzielt.[1]

---

1 Vgl. IG Metall, Vorstand: Geschäftsbericht zur 3. Ausländerkonferenz der IG Metall vom 7.-9. Mai 1992 in Travemünde.

2. Betriebliche Mandatsträger

Auch bei den Wahlen zu den betrieblichen Vertretungen ließen sich kontinuierlich Fortschritte erzielen. 1987 überstieg die Zahl ausländischer Betriebsräte im DGB-Maßstab erstmals die Zahl von 7.000, 1990 konnte eine weitere Steigerung auf 8.381 erreicht werden. 558 dieser gewählten Betriebsräte wurden Betriebsratsvorsitzende, unter ihnen 45 Frauen.

Bei den Vertrauensleutewahlen der IG Metall von 1991 wurden 9.360 ausländische Kolleginnen und Kollegen gewählt (von insgesamt 80.949). Zusammen mit den 3.000 ausländischen Betriebsräten und 390 Jugendlichen- und Auszubildendenvertretern zählt die IG Metall somit 12.750 Vertrauensleute, das bedeutet einen Zuwachs von über Tausend gegenüber der Zahl von 1987.[2] Allerdings ist anzumerken, daß die Zahl der ausländischen Betriebsräte seit 1987 bei der genannten Zahl 3.000 stagniert.

3. Ausländerausschüsse

Ebenfalls in der IG Metall konstituierten sich seit Oktober 1984 Ausländerausschüsse auf Orts-, Bezirks- und Vorstandsebene. Wie andere Personengruppen haben sie das Recht, eigene Konferenzen durchzuführen. Sie haben Antragsrecht an die gewerkschaftlichen Entscheidungsgremien. Ziel der Ausschußarbeit ist es u.a.,

- die ausländischen Kolleginnen und Kollegen zur Mitarbeit in den Gremien zu motivieren,
- sie zur Übernahme von Funktionen zu gewinnen und
- die Repräsentanz ausländischer Funktionäre in den gewerkschaftlichen Entscheidungsgremien zu verstärken.

Bis 1991 waren in 113 von 192 Verwaltungsstellen Ausländerausschüsse gebildet. Höhepunkte der auch öffentlichen Selbstdarstellung der Ausschüsse und ihrer Arbeit waren die Bundes-Ausländerkonferenzen 1986,

---

[2] Mündliche Auskunft der Abt. Vertrauensleute beim Vorstand der IG Metall.

1988 und 1992. Hier artikulierten etwa 200 Delegierte sehr deutlich die Bedürfnisse und Interessen ihrer organisierten Wählerbasis. Kritische Anfragen und zahlreiche Vorschläge zur Verbesserung ihrer Situation wurden auch an die eigene Organisation gerichtet.

Die IG Chemie-Papier-Keramik als zweitgrößte Industriegewerkschaft konnte sich zu einer derart demokratischen Öffnung noch nicht bereitfinden. Sie befürwortet bisher nur Arbeitskreise auf örtlicher und bezirklicher Ebene. Auf Bundesebene richtete sie einen Beraterkreis aus 16 ehrenamtlichen Funktionären ein, die von den Bezirksvorständen der Organisation gewählt werden. Dieser Beraterkreis wird bei Bedarf von der Abteilung "Ausländische Arbeitnehmer" beim Hauptvorstand zusammengerufen. Die Festlegung der jeweiligen Tagesordnung obliegt dem geschäftsführenden Hauptvorstand, der somit das Heft fest in der Hand behält.

Auf DGB-Kreisebene gibt es ebenfalls Arbeitskreise ausländischer Arbeitnehmer. Ihre Zahl lag Ende 1988 bei etwa 60. Auf Bundesebene tritt ein bis zweimal jährlich der Bundesarbeitskreis "Ausländische Arbeitnehmer" zusammen. Ihm gehören Vertreter der DGB-Landesbezirke und der Gewerkschaften an. Aus dem Arbeitskreis konstituierte sich eine Arbeitsgruppe "Grundsatz" zur ständigen Begleitung der Arbeit der Abteilung "Ausländische Arbeitnehmer" beim DGB-Bundesvorstand.

4. Beteiligung an Tarifauseinandersetzungen

Immer wieder zeigt sich, daß die ausländischen Beschäftigten unverzichtbar sind für die betriebliche und tarifliche Konfliktfähigkeit der Gewerkschaften. Dies belegen die Erfahrungen bei Warnstreiks und "Neuer Beweglichkeit" in der ersten Hälfte der 80er Jahre. Dies belegen auch die zahlreichen Abwehrkämpfe gegen Betriebsstillegungen und vor allem: der Verlauf der großen Tarifauseinandersetzung 1984 um die 35-Stunden-Woche. Die ausländischen Mitglieder in der IG Metall führten diesen Streik als Kampf für Arbeitsplätze und damit auch gegen Ausländerfeindlichkeit. Sie führten diesen Kampf anders, emotionaler, kommunikativer als ihre deutschen Kolleginnen und Kollegen.

Auf Seiten der deutschen Gewerkschaftsmitglieder rief das Engagement der ausländischen Arbeitnehmer/innen ein deutlich positives Echo hervor. Dies blieb nicht ohne Einfluß auf das Klima in den Betrieben und auf die Weiterentwicklung einer gewerkschaftlichen Ausländerpolitik. Zu erwähnen ist in diesem Zusammenhang die Unterstützung der Streiks durch die lokalen/regionalen Selbstorganisationen ausländischer Arbeiter und die Vernetzung ihrer Aktivitäten mit denjenigen der Betriebsbelegschaften. Yilmaz Karahasan, türkischer Sekretär beim Vorstand der IG Metall, berichtete, daß die reservierte Haltung der Gewerkschaften gegenüber diesen Selbstorganisationen weitgehend gelockert sei. Dies gelte besonders dort, wo es zwischen den örtlichen Streikleitungen und den demokratischen Arbeitervereinen der ausländischen Arbeiter/innen schon vor Beginn der Tarifbewegung gute Kontakte gab.

5. Ausländische Delegierte

Ausländische Arbeitnehmer/innen übernehmen zunehmend Delegiertenfunktionen auf vor allem örtlicher Ebene. Die IG Metall hat hierzu - anläßlich ihrer Bundesausländerkonferenzen 1989 und 1992 - ein exaktes Gesamtbild erstellt. Danach waren 1989 742 und 1992 919 Arbeitsmigrantinnen und - migranten Mitglieder der Vertreterversammlungen in den Verwaltungsstellen. Das entspricht einem Anteil von knapp 4% bzw. 5% bei einem Mitgliederanteil von 11,5% bzw. 12%. Mitglieder von Ortsverwaltungen (also des Leitungsgremiums der IG Metall-Verwaltungsstellen) waren 43 bzw. 90, darunter je ein erster und zweiter Bevollmächtigter. Die hier zu verzeichnenden Steigerungen sind beträchtlich, werden allerdings von der IG Metall selbst als noch nicht befriedigend angesehen.

Wer die gewerkschaftlichen Strukturen kennt und weiß, welche Vorabstimmungen bei derartigen Wahlen vorgenommen werden müssen, und daß die Kandidierenden schließlich von großen Mehrheiten der Gesamtwählerbasis gewählt werden, wird dennoch zu dem Schluß kommen: hier ist etwas in Bewegung geraten. Dies zeigt nicht zuletzt auch die Tatsache, daß die Delegierten des 17. Ordentlichen Gewerkschaftstages der IG Metall 1992 in Hamburg erstmals einen türkischen Kollegen, Yilmaz Karahasan, in den geschäftsführenden Vorstand ihrer Organisation wählten.

6. Bildungsbereitschaft

Die Bildungsbereitschaft ausländischer Arbeitnehmer/innen steht in einem engen Zusammenhang mit ihrer gewachsenen Bereitschaft, betriebliche und gewerkschaftliche Funktionen zu übernehmen. Migrantinnen und Migranten nehmen zum einen das reguläre gewerkschaftliche Bildungsangebot wahr. Darüber hinaus gibt es spezifische Angebote, zum Teil in den Muttersprachen. So veranstaltet der DGB-Bundesvorstand, Abt. Ausländische Arbeitnehmer, fortlaufend Seminare für ausländische Funktionsträger/innen. Die DGB-Seminare haben zum Ziel, ausländische Arbeitnehmer/innen in Gesellschaft, Recht und Gewerkschaften der Bundesrepublik Deutschland einzuführen und ein Wissen zu vermitteln, das zur Übernahme von Funktionen als Vertrauensleute, Betriebs- und Personalräte befähigt. Sie finden zum größten Teil als Wochenseminare in zentralen Bildungseinrichtungen statt. Zu einem weiteren Teil werden sie mit Hilfe der DGB-Landesbezirke auf regionaler Ebene als Tages- oder Wochenendveranstaltungen durchgeführt.

Die IG Metall bietet auf zentraler und regionaler Ebene zweiwöchige "Grund"- und "Funktionsträger"-Seminare in den Muttersprachen an. Die IG Chemie-Papier-Keramik veranstaltet jährlich zwei "Ein-Wochen-Lehrgänge für Ausländerfragen" auf zentraler Ebene.

In diesen Seminaren wird besonderes Gewicht auf den Dialog und Erfahrungsaustausch zwischen Deutschen und Zuwanderern gelegt. Eingeladen wurden deshalb gemischte Zielgruppen von etwa je zur Hälfte ausländischen und deutschen Mitgliedern.

7. Ausländische Gewerkschaftssekretäre

Ehrenamtliche Funktionsträger/innen ausländischer Nationalität haben es nach wie vor schwer, als politische Sekretärinnen und Sekretäre von gewerkschaftlichen Verwaltungsstellen eingestellt zu werden. In der IG

Metall, die mit Abstand die meisten von ihnen beschäftigt, konnte gelegentlich von Seiten des Vorstandes nachgeholfen werden. Hier wurden ausländische Stellenbewerber zunächst befristet als sogenannte Schwerpunktsekretäre eingestellt, die dann, nach Ablauf der Befristung, von den sie beschäftigenden Verwaltungsstellen auf Dauer übernommen werden.

Die Gesamtzahl der ausländischen politischen Sekretärinnen und Sekretäre liegt inzwischen bei etwa 60. Es handelt sich zum größeren Teil um Mitarbeiter/innen von Hauptverwaltungen und DGB-Landesbezirken, zum kleineren Teil um Beschäftigte von Verwaltungsstellen und DGB-Kreisen sowie der von diesen eingerichteten Beratungsstellen.

II. Öffnung der Gewerkschaften für die ausländischen Beschäftigten

Dem Prozeß der Aneignung der betrieblichen Interessenvertretungen und Gewerkschaftsorganisationen durch die ausländischen Beschäftigten entsprach umgekehrt ein Prozeß zunehmender Öffnung der Gremien und Organisationen für Zuwanderer und deren spezifische Belange.

Es wiederholte sich nicht, was historisch schon einmal eingetreten war: die Neugründung von Gewerkschaften entlang ethnischer Linien. Die sogenannten Ruhrpolen, zugewanderte polnische Bergarbeiter im Ruhrgebiet, gründeten 1902 die "Polnische Berufsvereinigung" ZZP (Zjednoczenie Zawodowe Polskie). Sie distanzierten sich damit von dem ihnen politisch nahestehenden Christlichen Gewerkverein, aber auch von dem sozialdemokratischen Alten Verband, deren deutsch-nationale Loyalität derart ausgeprägt war, daß sie auf Belange der polnischen Minderheit nicht einzugehen vermochten.[3]

Auch der DGB und seine Mitgliedsgewerkschaften waren nicht frei von Tendenzen, spezifische Belange ausländischer Beschäftigter gar nicht erst aufzunehmen, sie zu verdrängen oder auch zurückzustellen. So gab

---

3 Vgl. hierzu die zahlreichen Arbeiten von Christoph Kleßmann. Zuletzt: "Einwanderungsprobleme im Auswanderungsland: das Beispiel der 'Ruhrpolen'", in: Klaus J. Bade (Hrsg.): Migration in Geschichte und Gegenwart, München 1992, S. 303ff.

es auf betrieblicher Ebene immer wieder deutliche Symptome einer selektiven Interessenwahrnehmung entlang den Segmentationslinien betrieblicher Arbeitsmärkte. Dies betrifft das gesamte Feld betrieblicher Personalplanung und Personalplanungspolitik.

Auf nationaler Ebene ließ sich der DGB zeitweise einbinden in ein korporativ-selektives Regierungshandeln, das gegen die ausländischen Beschäftigten und gegen weitere Zuwanderung gerichtet war. Dies gilt vor allem für die Phase der sozialliberalen Koalition und die damals gegebene politische und persönliche Nähe zu den Bundesarbeitsministern. Ich erinnere in diesem Zusammenhang an verschiedene Elemente einer sogenannten Konsolidierung der Ausländerbeschäftigung wie etwa den Inländervorrang bei der Arbeitsvermittlung, die Wartezeitregelung für nachgezogene Familienangehörige, die Verweigerung der Freizügigkeit für Arbeitsuchende aus der EG-assoziierten Türkei und den Anwerbestopp von 1973.

Wenn dies nicht zu einer Migranten-Gewerkschaft führte, dann sicherlich auch deshalb, weil gleichzeitig jener von mir beschriebene Prozeß einer Aneignung von Gewerkschaftsstrukturen durch die Zugewanderten einsetzte und damit der Tendenz sozialer Schließung in den Gewerkschaften spürbar und gerade noch rechtzeitig entgegengewirkt werden konnte.

An Indikatoren einer Öffnung der Gewerkschaften für die Belange der Arbeitsmigranten lassen sich u.a. die folgenden benennen:

1. Die programmatische Erklärung der Gleichrangigkeit gewerkschaftlicher Interessenvertretung für Ausländer wie Inländer. Dies geschah erstmals mit den Leitsätzen des DGB-Bundesvorstandes vom 2.11.1971 als grundlegendem ausländerpolitischen Dokument der deutschen Nachkriegsgewerkschaften. Es setzte sich fort mit dem Grundsatzprogramm des DGB von 1981 und zahlreichen ausländerpolitischen Entschließungen der Gewerkschaftstage und DGB-Bundeskongresse.

2. Die programmatische Öffnung war begleitet von vielfältigen organisatorischen Vorkehrungen, mit denen die Gewerkschaftsorganisationen sich für die ausländischen Mitglieder öffneten. Ich nenne in diesem Zusammenhang die Einrichtung von Referaten und Abteilungen für Fragen der ausländischen Arbeitnehmer in Hauptverwaltungen der

Gewerkschaften, beim DGB-Bundesvorstand und bei DGB-Landesbezirken seit 1973. Ich nenne des weiteren spezifische Bildungsangebote in den Muttersprachen, die Verbreitung von Printmedien, ebenfalls in den Sprachen der Anwerbeländer, die Einrichtung gewerkschaftlicher Beratungsstellen und die Ausweitung gewerkschaftlichen Rechtsschutzes auf den Bereich des Ausländerrechts.

3. Es folgten gewerkschaftliche Aktionsschwerpunkte, mit denen auf die Lage der ausländischen Beschäftigten und ihrer Familien aufmerksam gemacht und versucht wurde, die deutsche Mehrheit in den Gewerkschaften für die ausländische Minderheit in Bewegung zu setzen. Anzuführen sind hier:

- Aktionen zum Erhalt der Aufenthaltsberechtigung,

- Aktionen für das kommunale Wahlrecht,

- Aktionen zur Abwehr von Ausländerfeindlichkeit und Rassismus,

- Aktionen zum Schutz der Flüchtlinge und - zuletzt -

- das Schwerpunktthema 92/93 des DGB-Bildungswerkes, das der Verständigung mit den hier lebenden Arbeitnehmern ausländischer Herkunft, den Flüchtlingen und weiteren Zuwanderern gewidmet ist.[4]

III. Was zu tun bleibt

Aus der Fülle der Aufgaben, die auch in Zukunft aufzugreifen sein werden, möchte ich nur die drei folgenden benennen:

1. Die angemessene Repräsentanz ausländischer Beschäftigter in den Gremien der betrieblichen Interessenvertretung.

Das Gleichbehandlungsgebot, dem die Politik des Betriebsrats verpflichtet ist, muß sich auch in seiner eigenen Zusammensetzung widerspiegeln. Nach den Richtlinien der beiden großen Industriegewerkschaften IG Metall und IG Chemie-Papier-Keramik ist es Aufgabe

---

4 Vgl. DGB-Bundesvorstand, Abt. Gewerkschaftliche Bildung: Einwanderungsland Deutschland: Fremd im eigenen Land? 1 Leseheft und 5 Arbeitshefte, Düsseldorf 1992.

der betrieblichen Vertrauenskörper, unter Leitung der Ortsverwaltung bzw. des Verwaltungsstellen-Vorstandes, denen hier eine Kontroll- und Korrekturfunktion gegenüber verfestigten betrieblichen Machtstrukturen zukommt, den Wahlvorschlag zur Betriebsratswahl aufzustellen und zu beschließen. Hierbei soll die Zusammensetzung der Belegschaft berücksichtigt werden: Neben Frauen und jungen Arbeitnehmern sind ausländische Arbeitnehmer stärker als bisher in angemessener Anzahl als Kandidatinnen/Kandidaten aufzustellen.

Integrierte Wahlvorschläge zu den **Betriebsratswahlen** wären umso glaubwürdiger, je stärker die gewerkschaftlichen **Vertrauenskörper** selbst zu Repräsentativorganen aller Mitgliedergruppen geworden sind. Sind ausländische Beschäftigte in den Betriebsrat gewählt, kommt es darauf an, sie in der Aufgaben- und Statushierarchie des Gremiums angemessen zu berücksichtigen. Die Statistiken der Gewerkschaften geben Auskunft über die - gewachsene, aber immer noch zu geringe Zahl der ausländischen Vorsitzenden bzw. stellvertretenden Vorsitzenden von Betriebsräten. Es sind vermutlich ausländische Betriebsratsmitglieder aus Klein- und Mittelbetrieben mit einem hohen Anteil von Arbeitnehmern einer bestimmten Nationalität, die die Chance haben, auch Vorsitzende des Gremiums zu werden. Keine statistischen Daten gibt es zu der Frage, wieviele ausländische Betriebsräte freigestellt werden und in welchen Betriebsratsausschüssen sie zu finden sind. Stattdessen ist häufig zu hören, ausländische Betriebsräte würden dazu veranlaßt, sich ausschließlich um Probleme ihrer Landsleute zu kümmern und Aufgaben eines Dolmetschers zu übernehmen. Die deutschen Betriebsräte könnten sich dann von Problemen ausländischer Arbeitnehmer entlastet fühlen und anderen, von ihnen für wichtiger gehaltenen Aufgaben, zuwenden.

2. Ein Ausländerförderungsprogramm.

Die Bundesausländerkonferenzen der IG Metall von 1989 und 1992 entwickelten Eckpunkte eines Ausländerförderprogramms, mit dem die Vertretung ausländischer Mitglieder in sämtlichen Gremien und beschlußfassenden Organen der IG Metall verbessert werden soll. Der entsprechende Antrag 703 zum 16. Ordentlichen Gewerkschaftstag der IG Metall 1989 wurde lebhaft diskutiert, allerdings - nach Intervention des Vorsitzenden Franz Steinkühler - nur als Material an den Vorstand überwiesen. Die ausländerpolitischen Debatten des 17. Ordentlichen Gewerkschaftstages der IG Metall 1992 waren überlagert von der Frage weiterer Zuwanderung und des Schutzes für Flüchtlinge. Die Forderung nach einem Ausländerförderprogramm ist somit noch nicht abschließend - positiv oder negativ - beschieden.

Im einzelnen wurde hierzu vorgetragen,

- daß alle Gremien auf allen Ebenen zu den Organisationswahlen ausreichend ausländische Kandidatinnen und Kandidaten zu benennen und gut zu placieren haben,

- daß die Vertretung ausländischer Mitglieder in allen Gremien und auf allen Ebenen der Organisation mindestens ihrem Mitgliederanteil entspricht,

- daß die Hauptamtlichen die besondere Verpflichtung haben, in diesem Sinne zu wirken und damit den Boden zu bereiten für notwendige Veränderungen,

- daß vor und nach den Wahlen über die erzielten Ergebnisse Bericht zu erstatten ist.

Ein so formuliertes Förderprogramm soll Bestandteil der Richtlinien für die Tarifkommissionen, Vertrauensleute- und Personengruppenarbeit sowie der Musterstatute der Verwaltungsstellen werden.

3. Vernetzung gewerkschaftlicher Ausländerarbeit.

Kennzeichen gerade auch einer entwickelten gewerkschaftlichen Ausländerarbeit ist nach wie vor ihre "Versäulung". Damit meine ich folgendes: Ausländische Mitglieder haben zwar die Möglichkeit, sich als Personengruppen zu konstituieren und auch innerorganisatorisch zu artikulieren, - es fehlt jedoch an Austausch und Vernetzung ihrer Aktivitäten mit denen der Gesamtorganisation, die sich durch ihre Ausländergremien nur allzu gut entlastet fühlen kann. Die Verantwortung für die Mitglieder ausländischer Herkunft wird auf deren Partikular-Gremien delegiert. Diesem Übel könnte auch dadurch entgegengewirkt werden, daß gewerkschaftliche Organisationsstrukturen flexibilisiert und in die Lage versetzt werden, auf Kontaktwünsche von Eingewanderten und Einheimischen einzugehen, den Dialog zu fördern, gemeinsame Aktivitäten zu stützen und ihnen Kontinuität verleihen.

Zu nennen sind hier z.B.:

- Die Ergänzung örtlicher Ausländerausschüsse durch **deutsch-ausländische Arbeitskreise**;
- regelmäßige Aussprachen der Ausländerausschüsse auf allen Ebenen der Organisation mit anderen Personengruppen- und Funktionsträgerausschüssen, z.b. denjenigen der Jugend, Frauen und Vertrauensleute;
- gemeinsame Seminare und Konferenzen ausländischer und deutscher Mitglieder und Funktionäre auf allen Ebenen der Organisation und hier: gemeinsames Auftreten von Eingewanderten und Einheimischen als Referentinnen bzw. Referenten. Dies würde wiederum die gezielte Erweiterung örtlicher Referentenarbeitskreise durch ausländische Kolleginnen und Kollegen voraussetzen;
- Konstituierung deutsch-ausländischer örtlicher Netzwerke, mit Nicht-Gewerkschaftsorganisationen, z.B. Menschenrechtsgruppen und Jugendverbände, die in der Lage sind, Rechtsbeistand und individuelle Hilfestellung zu leisten und Einfluß zu nehmen auf Behördenhandeln wie kommunale Politik.

Angesichts pogromartiger und Entsetzen auslösender Gewaltanwendung gegen "Ausländer" im allgemeinen und Flüchtlinge im besonderen gewinnen derartige Netzwerke an Bedeutung. Es war deshalb ein Schritt in die richtige Richtung, als der DGB-Bundesausschuß sowohl 1991 wie auch 1992 ausdrücklich zur Beteilung an entsprechenden örtlich/regionalen Arbeitszusammenhängen aufrief bzw. dazu aufforderte, als Gewerkschafter/innen, Mitglieder von Betriebsräten und Vertrauenskörpern etc. selbst initiativ zu werden.

IV. Schlußbemerkung

Die gegebene Zwischenbilanz zu Partizipationsmöglichkeiten und zur Repräsentanz der Migrantinnen und Migranten in der Arbeitswelt der Bundesrepublik Deutschland vermittelt ein widersprüchliches Bild: Einerseits bewegen wir uns seit Beginn der 70er Jahre in einem Kontinuum fortschreitender Beteiligungsmöglichkeiten bzw. - auf Seiten der

Zugewanderten - wachsender Beteiligungsbereitschaft und -kompetenz. Auf der anderen Seite wird immer wieder deutlich, daß die erreichten partizipativen Standards den Anforderungen der betrieblichen und gesellschaftlichen Wirklichkeit noch keineswegs gerecht werden.

Resignation wäre dennoch fehl am Platze: Gerade die aktuelle Situation zeigt den inzwischen erreichten hohen Stellenwert einer Partizipation sogenannter Ausländer in den Gewerkschaften. Waren doch nicht zuletzt sie in der Lage, Argumentationsmuster und Konzepte zur Frage weiterer Zuwanderung, zu Flucht und Asyl, zu entwickeln und damit die deutschen Gewerkschaften als einen Demokratiefaktor im gesellschaftlichen Kräftespiel der Bundesrepublik Deutschland zu profilieren.

John Rex

Chancengleichheit und multikulturelle Gesellschaft in Großbritannien

Großbritannien aus europäischer Sicht

Mit diesem Vortrag will ich vor allem einen Überblick über die soziologisch wichtigen Aspekte der Beziehungen der britischen Gesellschaft zu einigen ihrer ethnischen Minderheiten liefern. Dies tun britische Soziologen natürlich bereits seit dreißig Jahren. Doch heute muß man es auf eine neue Weise angehen. Mit der zögernden Eingliederung Großbritanniens in Europa wird deutlich, daß sich viele Dinge, die für uns selbstverständlich sind, aus der Sicht einer anderen europäischen Gesellschaft weit weniger eindeutig darstellen. Die Situation in Großbritannien hat ihre unverwechselbaren Eigenheiten, und ich werde mich daher bemühen, über eine reine Beschreibung hinauszugehen und diese Eigenheiten in den Vordergrund zu rücken.

Einige Zahlen zur Einwanderung nach Großbritannien

Es wird oft übersehen, daß die Mehrheit der in Großbritannien lebenden Einwanderer Weiße sind. So lebten 1981 3,4 Mio. im Ausland geborene Menschen in Großbritannien, und 1,89 Mio. davon waren Weiße. 607.000 von ihnen waren in Irland geboren, 153.000 im sogenannten alten Commonwealth und 1,13 Mio. in anderen Ländern, einschließlich Westeuropa. Das Bewußtsein der Briten für die Hautfarbe ist aber so ausgeprägt, daß die englische Bezeichnung "immigrant" heute vorwiegend für dunkelhäutige, gemeinhin als "Schwarze" bezeichnete Menschen verwendet wird, ganz gleich ob sie im Ausland geboren sind oder nicht. Diese Bevölkerungsgruppe wurde bei der Volkszählung mit dem statistischen Euphemismus "aus dem neuen Commonwealth oder aus Pakistan kommend" (NCWP) bedacht. (Pakistan trat 1972 aus dem Commonwealth aus, doch die Statistiker im Amt für Volkszählungen und Statistik rechnen es nach wie vor mit.) Sie umfaßte 1981 1,4 Mio.

Menschen. Da die Regierung aber nicht nur die Zahl der Einwanderer selbst erfahren wollte, sondern auch die ihrer Kinder und Enkel, wurde bei der Volkszählung von 1981 auch die Anzahl derjenigen erfaßt, die "in einem Haushalt mit einem aus dem NCWP stammenden Haushaltsvorstand" lebten. Dabei ergab sich folgende Aufschlüsselung: Karibik 546.000, Indien 674.000, Pakistan 295.000, Bangladesch 65.000, Ostafrika 181.000, Fernost 120.000, Mittelmeerraum 170.000, andere 156.000. Somit stammten 55% der Personen mit NCWP-Herkunft direkt oder indirekt (über Ostafrika) vom indischen Subkontinent und 25% aus der Karibik. Diese 1,7 bis 1,8 Mio. Menschen waren es, in denen man ein Problem sah, und auf sie bezogen sich die Einwanderungsregelung und die Minderheitenpolitik.[1]

Bei der Volkszählung von 1991 wurde der Umfang der "schwarzen" Bevölkerung mit einem anderen Mittel erfaßt. Eine "ethnische Frage" forderte die Befragten auf, sich entsprechend ihrer Herkunft selbst einzuordnen. Die verwendete Klassifizierung war unlogisch, diente aber dazu, den Umfang der problematischen Minderheiten zu erfassen. Für England und Wales ergaben sich bei den einzelnen Rubriken dieser Klassifizierung die folgenden Prozentzahlen: Weiße 94,1%, Schwarze (Karibik) 1,1%, Schwarze (Afrika) 0,4%, Schwarze (andere Herkunft) 0,4%, Inder 1,7%, Pakistanis 0,9%, Bangladeshis 0,3%, Chinesen 0,3%, andere Asiaten 0,4%, andere Sonstige 0,6%. Die Gesamtzahl der Angehörigen dieser Gruppen liegt etwas unter 3 Millionen, ihr Anteil an der Gesamtbevölkerung bei 6%. (Der Anteil der nicht-weißen Minderheit beträgt in Gesamt-Großbritannien 5,5%, in Wales 1,4% und in Schottland 1,3%.[2]

Schon der Aufbau dieser Statistik sagt etwas über die Bedeutung der Hautfarbe für die Briten aus. Gleichwohl erhoben nur wenige Sozialwissenschaftler (darunter ich) Einwände gegen die Art, wie die Daten gesammelt und vorgestellt wurden.

---

[1] Commission for Racial Equality: Ethnic Minorities in Britain, London 1985.

[2] Office of Population Census and Statistics: County/Region, H.M.S.O., London 1992.

Politische Fragestellungen

Der erste auffällige und wichtige Aspekt der britischen Situation ist, daß kein ausgeprägtes britisches oder englisches nationales Identitätsgefühl festzustellen ist. Bezeichnenderweise stuft die Volkszählung alle Befragten, die keiner Minderheit angehören, als "Weiße" ein. Dies kontrastiert deutlich mit der Situation in Frankreich, wo die Vorstellung auf breiten Konsens trifft, Franzose zu sein bedeute, daß man Anspruch auf die mit dieser Nationalität verbundene Freiheit, Gleichheit und Brüderlichkeit hat. Ebensowenig findet man in Großbritannien einen ethnischen Nationalismus wie in Deutschland, wo alle Personen deutscher Herkunft, gleich ob sie in Deutschland oder im Ausland leben, als Deutsche betrachtet werden, oder die Vorstellung, daß die größte Bevölkerungsgruppe die tragende Säule der Gesellschaft darstellt, oder etwas wie die Anerkennung der wallonischen und flämischen Identität in Belgien. Großbritannien ist daher möglicherweise einzigartig im Hinblick darauf, daß man sich vor dem Problem sieht, "Schwarze" in eine "weiße Gesellschaft" zu integrieren.

Wenn man nach einem anderen Konzept einer britischen Identität sucht, stößt man einerseits auf eine Reihe von Kulturen, die durch Klassenzugehörigkeit und gesellschaftlichen Status geprägt sind, und andererseits auf eine gemeinsame politische Kultur, die aus Klassenkämpfen erwachsen ist und Vorstellungen von sozialen Rechten und Chancengleicheit beinhaltet. Die in bezug auf eingewanderte Minderheiten zu stellende Frage lautet, wie weit diese in die vorhandenen Klassenkulturen aufgenommen werden und in den Genuß der sozialen Rechte und der Chancengleichheit kommen können.

Was den Zugang zum Klassen- und Statussystem betrifft, so ist dieser für Angehörige von Minderheiten bislang nur schwer möglich, obwohl es heute Anzeichen dafür gibt, daß sie in verschiedenen Berufen und in den Gewerkschaften zunehmend akzeptiert werden. Wichtiger ist jedoch, was T.H. Marshall in seinem Buch Citizenship and Social Class[3] darstellt, nämlich daß die Arbeiterklasse, nachdem sie juristische und politische Rechte errungen hatte, sich im Wohlfahrtsstaat auch soziale

---

3 T.H. Marshall: Citizenship and Social Class, Cambridge 1950.

Rechte sichern konnte. Wenn sich eine britische Identität an etwas festmachen läßt, dann an der Teilhabe an diesem System. Als nächstes stellt sich nun die Frage, wie weit die Einwanderer und die Angehörigen ethnischer Minderheiten an diesen Rechten und dieser Identität partizipieren. Eine mögliche Verwendung des Begriffs "Unterschicht" bezieht sich auf die Situation derjenigen, denen die genannte Teilhabe verwehrt ist.[4] Bei den Begriffen "Rasse" und "interethnische Beziehungen" stellt sich die Frage, inwieweit sie sich auf eine Unterschicht in einer Klassengesellschaft beziehen.

Hier ist anzumerken, daß sich die von Marshall beschriebene Gesamtsituation seither stark verändert hat. Viele soziale Rechte des Wohlfahrtsstaats wurden in den achtziger Jahren ausgehöhlt, und mit einer Arbeitslosenrate von mittlerweile über 10% ist es klar, daß neben Angehörigen der "schwarzen" ethnischen Minderheiten auch viele Weiße zur "Unterschicht" gehören. Dies ändert aber nichts an der Tatsache, daß die britische Identität an den Besitz der von Marshall erwähnten Rechte und an die Chancengleichheit geknüpft ist. Es bedeutet lediglich, daß einem größeren Teil der Bevölkerung die Teilhabe an ihnen verwehrt ist.

Politische Entwicklungen

Seit 1962 betreibt Großbritannien eine Einwanderungspolitik, die sich auf offen rassendiskriminierende Kriterien stützt. Die Einwanderungsgesetze von 1962, 1965, 1968 und 1971 dienten alle dem Zweck, farbige Einwanderer fernzuhalten, wobei sich das letzte dieser Gesetze auf ein eingeschränktes **jus sanguinis** stützte und den Personen mit mindestens einem britischen Elternteil und somit mit Wohnrecht[5] den Zuzug erleichterte, während er den anderen,[6] abgesehen von abhängigen

---

4 J. Rex, S. Tomlinson: Colonial Immigrants in a British City - A Class Analysis, London 1979, S. 328, Fußnote 9.

5 Engl.: patrials; Personen, die mindestens einen britischen Elternteil und deshalb Aufenthaltsrecht in Großbritannien haben (der Übersetzer).

6 Engl.: non-patrials; Personen, die keinen britischen Elternteil und deshalb kein Aufenthaltsrecht haben (der Übersetzer).

Familienangehörigen, fast vollständig verwehrt wurde. Damit stellte sich jedoch noch dringender die Frage nach dem Status "derjenigen, die bereits hier waren".

In einer berühmt gewordenen Rechtfertigung rassendiskriminierender Einwanderungsbeschränkungen sagte der spätere stellvertretende Vorsitzende der Labour Party Roy Hattersley 1965: "Integration ohne Einwanderungsbeschränkungen ist unmöglich; aber Einwanderungsbeschränkungen ohne Integration sind moralisch nicht zu rechtfertigen." Die weitere politische Entwicklung kann als Bemühung um diese Art von Integration gesehen werden.

In der gesellschaftspolitischen Entwicklung Ende der sechziger und in den siebziger Jahren wurde oft so getan, als sei man farbenblind. Man befaßte sich mit den Problemen der sogenannten Benachteiligten, ohne Unterscheidung nach der Hautfarbe und insbesondere mit dem sogenannten Problem der Innenstädte. So beharrten die Verfasser des Weißbuchs Policy for the Inner Cities[7] hartnäckig darauf, daß es in ihm nicht um das Problem der Rassendiskriminierung gehe, welches als Angelegenheit der neu eingerichteten Kommission gegen Rassendiskriminierung (Commission for Racial Equality/CRE) betrachtet wurde.[8]

Parallel zu diesen allgemeineren Maßnahmen wurden aber auch hautfarbenspezifische politische Maßnahmen ergriffen. Nach dem ersten Antidiskriminierungsgesetz (Race Relations Act) von 1965 wurden zwei Organe eingerichtet, ein Nationales Komitee für Einwanderer aus dem Commonwealth (National Committee for Commonwealth Immigrants/NCCI) für die Konsultation der Minderheiten aus den NCWP-Ländern und ein Ausschuß für die Beziehungen zwischen den Rassen (Race Relations Board), der gesetzliche Maßnahmen gegen Rassendiskriminierung erarbeiten sollte. Dieses Gesetz wurde 1968 dahingehend verbessert, daß man dem Ausschuß erlaubte, sich mit der Beschäftigungs- und Wohnraumproblematik zu befassen, während gleichzeitig das NCCI durch eine Kommission für interethnische Be-

---

7 Department of the Environment: Policy for the Inner Cities, Cmnd. 6845, H.M.S.O., London 1977.

8 J. Rex: The Ghetto and the Underclass, Research in Ethnis Relations Series, Avebury, Aldershot 1988.

ziehungen (Community Relations Commission) ersetzt wurde, deren Aufgabe es war, für gute "Beziehungen zwischen den Rassen" zu sorgen. Schließlich wurden beide Gremien 1976 im Rahmen eines neuen Antidiskriminierungsgesetzes in einer neuen Kommission zur Rassendiskriminierung, der CRE vereinigt.[9]

Das Gesetz von 1976 war das Ergebnis zwanzigjähriger Erfahrungen und verarbeitete einerseits die in den wesentlichen institutionellen Bereichen gesammelten Beweise für Rassendiskriminierung[10] und andererseits die amerikanischen Erfahrungen mit der Einrichtung von Institutionen und der Verabschiedung gesetzlicher Maßnahmen zur Bekämpfung der Rassendiskriminierung.[11] Die CRE war befugt, klar ersichtliche Fälle von Rassendiskriminierung in Firmen und Behörden zu untersuchen, in einzelnen Fällen Unterstützung zu leisten und sich mit indirekter wie direkter Diskriminierung zu befassen. Außerdem forderte sie die Gemeinderäte auf, Mechanismen zur Förderung der Chancengleichheit und guter Beziehungen zwischen den Rassen einzuführen.

Während man sich mit diesen Maßnahmen zur Förderung der Chancengleichheit befaßte, begann sich ein anderer Problembereich herauszukristallisieren. Dabei ging es um den Stellenwert der Kulturen ethnischer Minderheiten in Großbritannien. Dies war für alle NCWP-Einwanderer und ihre Kinder ein Problem, ganz besonders aber für die Einwanderer vom indischen Subkontinent mit ihren unterschiedlichen Sprachen und Religionen.

Als erste Reaktion auf dieses multikulturelle Problem wurde eine Politik der Assimilation vertreten. Diese Politik kam in einem Bericht des Gremiums zur Beratung von Einwanderern aus Commonwealth-Ländern

---

9   Eine gute Darstellung der Geschichte dieser Institutionen findet sich in Z. Layton-Henry: The Politics of Race in Britain, London 1984.

10 Das Policy Studies Institute führt drei Darstellungen an: W. Daniel: Racial Discrimination in England, Harmondsworth 1968; D. Smith: Racial Disadvantage in Britain, Heinemann/Policy Studies Institute, London 1977 und C. Brown: Black and White Britain, ebd. 1984.

11 H. Street, G. Howe, G. Bindman: Report on Anti-Discrimination Legislation, Political and Economic Planning, London 1967.

(Commonwealth Immigrants Advisory Council), eines im Jahre 1964 für kurze Zeit existierenden Organs zum Ausdruck, wo festgestellt wurde, die Einwanderergruppen könnten nicht erwarten, ihre jeweilige Kultur innerhalb des Schulsystems verbreiten zu können.[12] Von dieser Politik rückte man ab, als Innenminister Roy Jenkins "Integration" forderte und sie definierte als "kein verflachender, gleichmacherischer Prozeß, sondern kulturelle Vielfalt, gepaart mit Chancengleichheit in einem Klima gegenseitiger Toleranz".[13] Diese Definition, die die Begriffe Chancengleichheit und kulturelle Vielfalt miteinander verknüpfte, bildete eine Arbeitsgrundlage für alle, die sich für eine demokratische multikulturelle Gesellschaft einsetzten. Davon wird im folgenden noch ausführlicher die Rede sein.

Rassistische und nationalistische Politik

Man sollte aber nicht annehmen, daß derartige Äußerungen in einem allgemeinen politischen Konsens begründet wären. Die Aktivitäten extrem rechter und rassistischer Gruppen seit den fünfziger Jahren hatten zur Verabschiedung rassendiskriminierender Einwanderungsgesetze geführt, und Ende 1967 schlossen sich einige dieser Gruppen zur "National Front" zusammen, die ein Repatriierungskonzept verfolgte. Viele ihrer Ideen nahm 1968 der angesehene konservative Politiker Enoch Powell in einer berühmt gewordenen Rede auf, und obwohl Powell aus dem konservativen Schattenkabinett ausgeschlossen wurde, fanden seine Vorstellungen einige Jahre lang breite Unterstützung; als Mrs. Thatcher die Führung der konservativen Partei übernahm, brachte sie Verständnis für die Angst der britischen Bevölkerung vor einer "Überflutung" durch Einwanderer zum Ausdruck.

In der Folge kam es immer wieder zu gegen die Einwanderung gerichteten politischen Initiativen, doch das Verblüffende an der Situation in Großbritannien ist der Niedergang der "National Front" und das Verschwinden des unverhüllten Rassismus aus den wesentlichen Bereichen

---

12 Commonwealth Immigrants Advisory Council: Third Report, Cmnd. 2458, H.M.S.O, London 1964.

13 S. Patterson: Immigrants in Industry, London 1968.

der politischen Diskussion. Sicherlich gab es weiter Widerstand gegen die Politik lokaler Behörden zu den Beziehungen zwischen den Rassen, und diese Maßnahmen wurden von den Konservativen in der gegen den radikalen linken Flügel in der Labour Partei gerichteten Wahlkampagne von 1987 am heftigsten attackiert, doch die Regierung Thatcher war mit größeren strukturellen Veränderungen der britischen Gesellschaft beschäftigt, zum Beispiel dem Umbau des Wohlfahrtsstaates und der Zerschlagung der Gewerkschaften. Unter diesen Umständen widmete sie der Problematik der ethnischen Minderheiten weniger Aufmerksamkeit und beließ es bei dem Antidiskriminierungsgesetz 1976 und den Institutionen, die durch dieses Gesetz geschaffen wurden.

Schwarzer Widerstand

Die politischen Veränderungen kamen jedoch nicht nur von oben, durch Maßnahmen der Regierung. Auch die Führer der schwarzen und asiatischen Bevölkerungsgruppen spielten eine Rolle. Die Widerstandsbewegung der Schwarzen in den sechziger Jahren in den USA führte zu parallelen Entwicklungen in Großbritannien, und die schwarze Jugend, die immer wieder von der Polizei schikaniert wurde, revoltierte schließlich in den Jahren 1980–1981 in einer Reihe größerer, als "Aufstände" empfundener Straßenkrawalle.

Interessant ist an diesen Krawallen, daß sie nicht zu einer Zunahme des offenen Rassismus bei der weißen Bevölkerung und zu rassistischen Aggressionen führten. Die Regierung beauftragte einen liberalen Richter mit der Untersuchung der Polizeimethoden zum einen und der sozialen Gründe für die Unruhen zum anderen. Seine Empfehlungen waren alles andere als radikal, aber allein die Veröffentlichung seines Berichts[14] hatte interessante Folgen. Zum ersten Mal nahm die Polizei eine Überprüfung ihrer Methoden vor, wobei der Schwerpunkt auf Bürgernähe gelegt wurde, und die Verwaltungen der Innenstädte, die bis 1981 wenig getan hatten, um der ihnen durch das Gesetz von 1976 zugedachten

---

14 L. Scarman: The Brixton Disorders 10-12th April 1981, Report of the Scarman Tribunal, Cmnd. 8427, H.M.S.O., London 1981; außerdem als The Scarman Report, Harmondsworth 1982.

Rolle gerecht zu werden, begannen damit, eigene Abteilungen für die Beziehungen zwischen den Rassen einzurichten. Das Klima für den Kampf gegen Rassendiskriminierung und rassistische Überfälle und Schikanen war nach den Unruhen von 1981 wahrscheinlich besser als je zuvor.

Die Einrichtung solcher Abteilungen in der Verwaltung für die Beziehungen zwischen den Rassen und die andauernde Arbeit der lokalen Räte gegen Rassendiskriminierung (Community Relations Councils) eröffnete der Minderheitenpolitik neue Möglichkeiten. Während die ethnischen Minderheiten in den sechziger und frühen siebziger Jahren von außerhalb des Systems für ihre Rechte kämpfen mußten, konnten sie das jetzt innerhalb des Systems tun. Natürlich führte diese Eingliederung dazu, daß ihre Forderungen an Deutlichkeit verloren, und es wird (unter anderem von mir) die Meinung vertreten, daß sie durch den Verzicht auf ihre Unabhängigkeit zu viel verloren haben. Nichtsdestoweniger ist es unbestreitbar, daß die Arbeit innerhalb des Systems auch einige Fortschritte bewirkt hat.

Die zweite wichtige Möglichkeit, die sich in den achtziger Jahren eröffnete, war die, in den wichtigen politischen Parteien zu arbeiten. Als britische Staatsbürger besaßen die "Schwarzen" und Asiaten in Großbritannien von Anfang an das Wahlrecht, und ihre durch Rassendiskriminierung und -trennung bedingte Konzentration in den Innenstädten bedeutete auch, daß ihr Einfluß auf die Wahlergebnisse dort groß war. Dies führte dazu, daß bei den Wahlen im Jahr 1992 fünf "Schwarze" für Labour und einer für die Konservativen ins Parlament gewählt wurden, und viele der weißen Volksvertreter in den Innenstädten mußten ihr Verhalten, insbesondere ihr Abstimmverhalten an die Wünsche ihrer "schwarzen" und asiatischen Wähler anpassen. Außerdem gab es in der Labour Party eine Bewegung für die Einrichtung von Untergliederungen für "Schwarze", die durch Fraktionsbildung Minderheitenmeinungen Gehör verschaffen konnten.

Das Bildungssystem

Die meisten der oben erwähnten Probleme und Konflikte nahmen in den Schulen eine besonders dramatische Ausprägung an. Einerseits gab es hier das Problem der von Kindern aus einigen Minderheiten (besonders aus der Karibik) erbrachten schlechten Leistungen, was von den einen auf ihr kulturelles Defizit zurückgeführt wurde, von den anderen auf den Rassismus in der Schule und im gesellschaftlichen Umfeld. Andererseits stand man vor dem Problem, den besonderen Bedürfnissen von Kindern mit unterschiedlichem sprachlichen und kulturellen Hintergrund gerecht zu werden, und zu entscheiden, ob ihre Sprachen und Kulturen im Unterricht gefördert werden sollten.

Verwirrenderweise wurde eine einzige Kommission (mit zwei aufeinanderfolgenden Vorsitzenden) ernannt, die sich mit beiden Problemen befassen sollte.[15] Diese vertrat den Standpunkt, daß auch nach Bereinigung der Statistik Kinder aus der Karibik schlechtere Leistungen erbrächten als gleichaltrige britische Kinder (während asiatische und insbesondere indische Kinder gleich gute oder bessere Leistungen erbrachten), daß ihr Versagen teilweise auf Nachteile zurückzuführen sei, die sie mit den Kindern aus armen Arbeiterfamilien gemeinsam hätten, zum Teil aber auch auf den Rassismus in der Gesamtgesellschaft wie in den Schulen. Die Kommission machte verschiedene Vorschläge zur Verbesserung der Situation, der wichtigste aber bestand darin, für alle Kinder einschließlich der weißen Kinder in rein weißen Vororten multikulturelle Lehrpläne zu erstellen.

Viele in diesen Berichten angeführte Argumente sind sachlich und logisch zweifelhaft, doch es wurde deutlich, daß die Hauptstoßrichtung der Empfehlungen der multikulturelle Lehrplan war. In den folgenden Jahren entwickelten die meisten örtlichen Schulbehörden multikulturelle

---

15 Department of Education and Science: Committee of Enquiry into the Education of Children from the Ethnic Minority Groups - Interim Report: West Indian Children in our Schools, The Rampton Report, Cmnd. 9273, H.M.S.O., London 1981. Department of Education and Science: Education for All, Report of the Committee of Enquiry into the Education of Children from Ethnic Minority Groups, Vol. II (Vorsitzender Lord Swann), Cmnd. 9453, H.M.S.O., London 1985.

Lehrpläne, und in vielen Schulen werden Pläne für eine entsprechende Änderung des Unterrichtsprogramms erarbeitet.

Radikalere und politisch weiter links stehende "Schwarze" und ihre Verbündeten bestritten, daß das Problem in der kulturellen Vielfalt bestand. Sie forderten von der Politik, über multikulturelle Vorstellungen hinauszugehen zu antirassistischen Vorstellungen, und legten somit in Roy Jenkins' Definition mehr Gewicht auf den Begriff der Chancengleichheit als auf den der kulturellen Vielfalt. Zwar setzten sie sich weiterhin für ihre jeweilige Minderheitenkultur ein und spürten, daß diese in gewissem Umfang auch Eingang in den Lehrplan finden konnte, doch die Vorstellung, daß es die fehlende Realisierung multikultureller Vorstellungen war, die ihrem Erfolg im Weg stand, akzeptierten sie nicht. Die wirkliche Quelle ihrer Probleme sahen sie im "Rassismus".

Jedenfalls eröffneten diese Entwicklungen im Bildungswesen den "Schwarzen" in den entsprechenden Berufen neue Möglichkeiten. Sollte in den Schulen multikulturell und antirassistisch gearbeitet werden, dann lag es auf der Hand, dafür Angehörige der Minderheiten einzustellen. So kam zu den anderen, in den Gemeindeverwaltungen mit den Beziehungen zwischen den Rassen befaßten Fachleuten jetzt die Gruppe der Erziehungsberater und Lehrer für diese Themenkreise neu hinzu. Unvermeidlich wurden auch sie wie ihre vorgenannten Kollegen, sobald sie ihre Aufgabe aggressiv oder einfach etwas ungeschickt angingen, von den Medien und einigen konservativen Politikern in die Ecke der radikalen Linken innerhalb der Labour Partei gestellt.

Politischer und kultureller Konflikt

Es kann kein Zweifel bestehen, daß - allgemeiner gesehen als nur auf der Ebene des Bildungssystems - der Kampf hauptsächlich gegen Rassendiskriminierung und für Chancengleichheit geführt wurde. Doch das bedeutet nicht, daß es nicht auch kulturell bedingte Zusammenstöße gab. Besonders deutlich wurde das bei der sogenannten Rushdie-Affäre.

Das Verbrechen, das Rushdie beging, indem er "Die satanischen Verse" schrieb, bestand in den Augen der Moslems nicht darin, daß er etwas getan hatte, was die Chancengleichheit behinderte. Er hatte vielmehr die kulturelle und religiöse Identität der Moslems frontal angegriffen. Zweifellos war das Ausmaß an Feindseligkeit, mit dem man dem Buch begegnete, teilweise darauf zurückzuführen, daß - wie Yunus Samad in einem interessanten Artikel aufgezeigt hat[16] - die Moslems, insbesondere die jungen, unter materieller Benachteiligung und Diskriminierung litten, doch es war auch so, daß die Moslem-Minderheit die eigene Kultur um ihrer selbst willen verteidigte.

Unter den asiatischen Intellektuellen ist eine Minderheitenbewegung entstanden, die sich dagegen wehrt, daß Asiaten und "Schwarze" zu politischen Zwecken in einen Topf geworfen werden, die die Bevormundung durch den Behördenapparat zur Regelung der Beziehungen zwischen den Rassen ablehnt und versucht, die Aufmerksamkeit gleichermaßen auf kulturelle Konflikte wie auf Rassendiskriminierung zu lenken. Ein sehr sprachgewandter Vertreter dieser Ansicht ist Tariq Modood.[17] Es überrascht allerdings nicht, daß Modoods Ansichten von politisch militanten Asiaten - insbesondere aus dem Kreis derjenigen, die beruflich mit den Beziehungen zwischen den Rassen beschäftigt sind - entschieden zurückgewiesen werden; diese bestehen darauf, als "Schwarze" zu gelten, und sind der Meinung, daß Modood die Solidarität untergräbt, die sie im Kampf gegen die Rassendiskriminierung für unentbehrlich halten.

Das britische Modell - eine Einschätzung

Bislang habe ich gezeigt, daß es einen spezifischen britischen Ansatz zur Integration "schwarzer" und asiatischer Einwanderer gibt und daß dabei versucht wird, das Streben nach Chancengleichheit mit der Akzeptanz kultureller Vielfalt zu verbinden. Das heißt aber nicht, daß diese Art von Politik voll realisiert wurde oder daß ihre Ziele nicht in Zweifel gezogen

---

16 Y. Samad: Book Burning and Race Relations - Political Mobilisation among Bradford Muslims, New Community, Vol. 18, Nr. 4, London 1992, S. 507-519.

17 T. Modood: 'Black', Racial Equality and Asian Identity, New Community, Vol. 14, Nr. 3, London 1988, S: 397-404. T. Modood: Colour, Citizens and Culture, Stoke 1992.

werden können, und es gibt in der "antirassistischen" Bewegung viele, die ihnen äußerst kritisch gegenüberstehen.

Das Hauptargument der Kritiker ist, daß diese Politik nur Kosmetik ist und nichts an der Natur der in ihren Augen rassistischen Gesellschaft ändert. Es spricht tatsächlich viel dafür, daß auch ausgeklügelte rechtliche Vorkehrungen das Fortdauern der Rassendiskriminierung nicht verhindern können.[18] Überdies zeigen der zweite und dritte Bericht des Instituts für politische Studien, ebenso wie die Jahresberichte der CRE, daß die Rassendiskriminierung noch immer virulent ist. Auch das Verhalten der Polizei hat sich keineswegs durch die Einführung einfühlsamen, bürgernahen Arbeitens auf wunderbare Weise gewandelt, und nach wie vor grassiert das, was in den Vereinigten Staaten als "Polizeibrutalität" bezeichnet wird, ebenso wie das in Rassismus begründete Schikanieren und Mißhandeln der "Schwarzen". Man könnte also durchaus den Schluß ziehen, daß die britische Gesellschaft "rassistisch" und von Rassisten geführt ist bzw. daß der Rassismus ein integraler Bestandteil ihrer Institutionen ist.

Ein etwas anderer kritischer Ansatz betrachtet die geschaffenen Institutionen als - bestenfalls - hoffnungslos bevormundend, und diejenigen, die in ihnen arbeiten, als potentielle Führer ihrer Bevölkerungsgruppe, die sich dem System angeschlossen und auf diese Weise Verrat geübt haben. Zudem werden sie für ihre Arbeit allzuhäufig überbezahlt und entwickeln schließlich mehr Interesse an der eigenen Karriere als am Kampf für die Rechte der Minderheiten. Man könnte für sie ähnlich wie für die Mitarbeiter an den Programmen zur Bekämpfung der Armut in den USA die Feststellung treffen, daß sie jedenfalls ihr eigenes Armutsproblem gelöst haben. Und man könnte anfügen, daß sie auch ihr eigenes Rassenproblem gelöst haben, indem sie Teil einer subventionierten Mittelklasse geworden sind.

In all diesen Kritikpunkten steckt ein Körnchen Wahrheit, was aber nichts daran ändert, daß das britische System der politischen Integration noch immer ein Ideal ist, für das zu kämpfen sich lohnt, und daß es auch einige Erfolge für sich verbuchen kann. Man könnte die Frage stellen, wie Großbritannien wohl aussähe, wenn die verschiedenen Institutionen

---

18 R. Jenkins: Racism and Recruitment, Cambridge 1987.

zur Bekämpfung der Rassendiskriminierung und zur Förderung multikultureller Vorstellungen nicht eingerichtet worden wären. Ist ihre Gründung nicht ein Sieg der "schwarzen" Minderheit, und sollten diese Institutionen nicht als Erfolg verbucht und so effektiv wie möglich genutzt werden? Sicher ist noch viel zu tun, bis die beiden Ziele der Chancengleichheit und der Akzeptanz kultureller Vielfalt erreicht sind, aber es wurde ein Fundament gegossen, auf dem eine demokratische multikulturelle Gesellschaft errichtet werden könnte. So überrascht es nicht, daß vielen "Schwarzen" und Asiaten in Großbritannien angesichts eines Europa, dem es an entsprechenden Institutionen fehlt, langsam bewußt wird, daß sie etwas zu verlieren haben.

Das Ideal einer demokratischen multikulturellen Gesellschaft

Vor einigen Jahren versuchte ich, eine soziologische Darstellung dessen zu liefern, was mit dem Ideal einer auf die Jenkins-Definition gegründeten multikulturellen Gesellschaft gemeint ist.[19] Ich stellte die These von den "zwei Domänen" auf, einer öffentlichen Domäne mit einer gemeinsamen, einheitlichen politischen Kultur, die sich auf die Vorstellung von der Chancengleichheit für alle gründet, und einer privaten oder Gruppen-Domäne, in der jede ethnische Gruppe ihre eigene Sprache spricht, ihre eigene Religion ausübt und ihre familiären und sonstigen kulturellen Traditionen bewahrt.

Ich behauptete natürlich nicht, daß dieses Ideal in Großbritannien bereits verwirklicht sei, und in einer zweiten Publikation[20] lenkte ich die Aufmerksamkeit auf einige strukturelle Aspekte der gegenwärtigen britischen Gesellschaft, die seiner Verwirklichung im Wege stehen. Ich habe auch erklärt, daß der Begriff der multikulturellen Gesellschaft häufig mißbraucht wird, um ungleiche Behandlung, kulturelle Geringschätzung und Ghettobildung zu rechtfertigen. Doch diese empirischen Fakten

---

19 J. Rex: The Concept of a Multi-Cultural Society, Occasional Papers, Centre for Ethnic Relations, University of Warwick 1986.

20 J. Rex: The Political Sociology of a Multi-Cultural Society, European Journal of Intercultural Studies, Vol. 2, Nr. 1, Stoke 1991, S. 7-18.

anzuerkennen heißt keinesfalls, das Ideal zu verwerfen oder es als inakzeptabel für die ethnischen Minderheiten einzuschätzen.

Worauf es mir weiter ankam, ist die Feststellung, daß eine demokratische multikulturelle Gesellschaft etwas ist, für das man kämpfen muß.[21] Sie wird nicht einfach von einem paternalistischen Staat geschaffen werden. Deshalb müssen die ethnischen Minderheiten für ihre Organisationen wenigstens eine gewisse Unabhängigkeit bewahren. Ich akzeptiere daher die Vorstellung einer ethnischen Mobilisierung und einer ethnisch ausgerichteten Politik. Cromwells Rat an seine Soldaten, auf Gott zu vertrauen, aber auch das Pulver trocken zu halten, erscheint mir sehr passend. Gott ist für die ethnischen Minderheiten der paternalistische Staat; ihr Pulver ist die Fähigkeit zur unabhängigen politischen Aktion.

Einige Vorbehalte gegen das multikulturelle Ideal

Die erste größere Schwierigkeit mit dem Ideal der multikulturellen Gesellschaft in der von mir dargelegten Form besteht darin, daß es zu oft mit unter dem gleichen Namen laufenden politischen Maßnahmen und Strukturen verwechselt wird, die keine Chancengleichheit beinhalten. So bekennt sich in Großbritannien verbal beinahe jeder zum Begriff "multikulturelle Gesellschaft", aber wenn man für ein wirklich demokratisches Ideal kämpft, muß man feststellen, daß man dabei Verbündete hat, deren Ziel - im Grunde - Ungleichheit ist. Deshalb halten einige französische Kritiker der multikulturellen Vorstellungen in Großbritannien diese lediglich für eine ideologische Verschleierung der Ghettoisierung der Einwanderer.

Andere Kritiker sehen vor allem, daß dieser Begriff dem Staat die Möglichkeit gibt, Minderheitengruppen zu manipulieren und auszugrenzen

---

21 J. Rex: Ethnic Identity and Ethnic Mobilisation in Britain, Research Monograph Nr. 5, Centre for Research in Ethnic Relations, University of Warwick 1991. Zur weiteren Diskussion des Konzepts der ethnischen Mobilisierung in multikulturellen Gesellschaften siehe auch: J. Rex, B. Drury (Hrsg.): Ethnic Mobilisation in Multi-Cultural Europe, Research Series in Ethnic Relations, Avebury, Aldershot 1994 (im Erscheinen).

und sie ungleich zu behandeln. Mancher Kritiker weist darauf hin, daß mit der Verwendung des Begriffs "ethnische Minderheit" die Vorstellung einer geringerwertigen Bevölkerungsgruppe einhergeht. "Sie", sagt man, sind eine ethnische Minderheit; "wir" sind die Staatsbürger. Andere argumentieren, was unter dem Deckmantel multikultureller Vorstellungen ablaufe, sei in Wirklichkeit ein Prozeß, den man besser als "Minorisation", d.h. Minoritätenbildung im Sinne von Ausgrenzung, beschreiben könnte und der ein Konzept darstelle, das per se Ungleichheit beinhalte. Wieder andere meinen, die Zuordnung von Individuen zu Minderheitengruppen unterstelle diese der Kontrolle reaktionärer oder kollaborationsbereiter Führer und verhindere, daß sie selbst als Einzelne für ihre Rechte kämpfen.

Auf diese Einwände könnte man erwidern, daß keiner von ihnen das Ideal ungültig macht. Sie zeigen lediglich, wie schwer es zu verwirklichen ist. Ganz offensichtlich besteht ein Teil des Kampfes darin, zwischen den Feinden, die sich als Verbündete ausgeben, und denjenigen, die das Ideal wirklich akzeptieren, zu unterscheiden.

Ein anderer kritischer Ansatz hingegen verweist auf die Notwendigkeit der Veränderung und Verbesserung der Vorstellung von einer demokratischen multikulturellen Gesellschaft. Eine Version dieses Ansatzes hält bereits die Vorstellung einer ethnischen Identität für möglicherweise reaktionär. Ethnische Identität sei zu oft in der Vergangenheit verwurzelt, und denen, die sich auf sie berufen, mangele es an der Fähigkeit, mit den Unwägbarkeiten der Gegenwart fertig zu werden. Eine andere Version legt dar, die jüngere Generation könne oft auch Bündnisse mit Gleichaltrigen in der britischen Bevölkerung oder in anderen Minderheiten eingehen, eine neue, gemeinsame Kultur entwickeln und zusammen mit ihnen für ihre Rechte kämpfen, und sie würde eher verlieren, wenn sie sich von den Führern einer traditionell ausgerichteten ethnischen Gemeinschaft vertreten ließe.

Ich bin der Meinung, daß dies ernstzunehmende Kritikpunkte sind, und daß die Konzeption einer demokratischen, multikulturellen Gesellschaft sowohl Veränderungen in den Minderheitskulturen selbst zulassen als auch den Einzelnen die Freiheit einräumen muß, im Kampf für Gleichberechtigung Alternativen zur Strategie des kollektiven Handelns der ethnischen Gemeinschaft zu wählen.

Hier muß aber zugleich anerkannt werden, daß solches kollektives Handeln eine wichtige Strategie darstellt, deren Fehlen die Fähigkeit des oder der Einzelnen, die eigenen Rechte zu verteidigen, einschränkt. Wichtig ist, daß solches kollektives Handeln nicht von einer Gruppe selbsternannter oder handverlesener traditioneller Minderheitenführer gesteuert wird. Priorität muß immer der Kampf für Gleichberechtigung haben, aber wenn diese Voraussetzung erfüllt ist, können ethnische Bindungen durchaus eine wertvolle Ressource für das Durchstehen dieses Kampfes darstellen. Man muß anerkennen, daß Angehörige ethnischer Minderheiten, darunter auch die Jugendlichen, zu oft von den vorgeblich progressiven Kräften in der gleichaltrigen britischen Bevölkerung im Stich gelassen wurden. Diese "progressiven Kräfte" bleiben nämlich nur dann wirklich progressiv und demokratisch, wenn sie durch das kollektive Handeln der Minderheiten dazu gezwungen werden, sich für diese einzusetzen.

Natürlich mag es Führer ethnischer Gemeinschaften geben, die eine rückschrittliche und reaktionäre Politik betreiben, doch es wäre falsch, in jeder Art von ethnischer Mobilisierung solche Tendenzen zu sehen. Die britische Erfahrung umfaßt Organisationen (ein gutes Beispiel sind die Verbände der indischen Arbeiter), deren wichtigstes Ziel immer der Kampf für Demokratie und Gleichberechtigung gewesen ist, und zwar nicht nur für die Angehörigen der eigenen Gruppe, sondern für alle Mitglieder der Gesellschaft. Man könnte auch sagen, daß der Kampf der ethnischen Minderheiten ebenso die Demokratie stärken könnte wie in der Vergangenheit der Kampf der Arbeiterklasse.

Schlußfolgerung

Die britische Erfahrung im Umgang mit Minderheiten umfaßt sowohl Rassismus und Rassendiskriminierung als auch den Kampf der Minderheiten und ihrer Verbündeten für die Überwindung der Diskriminierung. Dieser Kampf ist nicht einfach und wird nicht nur gegen Rassendiskriminierung und Rassismus geführt, sondern auch gegen eine Vielzahl pseudo-multikultureller Vorstellungen, die die Ungleichheit festschreiben. Doch die ethnischen Minderheiten müssen und können diese Falle umgehen. Ihre Organisationen haben den Kampf für Gleichberechtigung geführt und sich zugleich bemüht, ihre Fähigkeit zu unabhängigem kollektiven Handeln zu bewahren. So gibt es zwar keinen Grund, die Politik der britischen Regierung als Modell für Europa vorzuschlagen, man kann aber sagen, daß die britische Erfahrung damit, wie die ethnischen Minderheiten und ihre Verbündeten den Kampf gegen Rassismus und Rassendiskriminierung führen, den Weg zu Zielen und Strategien aufweist, die sehr wohl von denjenigen übernommen werden könnten, die sich in anderen Ländern Europas in einer vergleichbaren Lage befinden.

John Wrench

Ethnische Minderheiten und Organisation am Arbeitsplatz in Großbritannien: Gewerkschaften, Mitbestimmung und Rassismus

Die 1991 durchgeführte Volkszählung brachte erstmals Informationen über die ethnische Zusammensetzung der britischen Bevölkerung. Es stellte sich heraus, daß knapp über 3 Millionen Menschen ethnischen Minderheiten angehören, was 5,5% der Gesamtbevölkerung entspricht (Owen 1992). Die überwiegende Mehrheit stammt von südasiatischen Vorfahren (Indien, Pakistan, Bangladesch) ab oder aus der schwarzen Bevölkerungsgruppe in der Karibik. Für diese Bevölkerungsgruppen wird in Großbritannien der Begriff "Migrant" nicht mehr verwendet. Die meisten Migranten der Nachkriegszeit und ihre Familien haben sich hier zu ethnischen Minderheiten etabliert, die die britische Staatsangehörigkeit und Bürgerrechte besitzen. Im allgemeinen englischen Sprachgebrauch werden diese aus Asien und der Karibik stammenden Bevölkerungsgruppen als "Schwarze" bezeichnet; der Begriff "schwarz" wird hier ebenfalls in diesem Sinne verwendet.[1] Da im Kontext dieses Beitrags der Terminus 'ethnische Minderheit' die gleiche Bedeutung hat, werden diese beiden Begriffe synonym verwendet.

Hintergrund

In der Zeit unmittelbar nach dem zweiten Weltkrieg litt eine ganze Reihe britischer Industriezweige unter Arbeitskräftemangel. Zunächst wurden "freiwillige Arbeiter aus Europa" aus Flüchtlingslagern und aus Italien rekrutiert. Später kamen Arbeitsmigranten aus den ehemaligen Kolonien, hauptsächlich aus der Karibik, Indien und Pakistan, und

---

[1] John Rex weist in seinem Beitrag zu dieser Konferenz darauf hin, daß eine Reihe asiatischer Autoren diese Verwendung des Begriffs "Schwarze" ablehnen (z.B. Modood 1988) und eine semantische Unterscheidung zwischen schwarzen (Afrika/Karibik) und asiatischen Bevölkerungsgruppen aufrechterhalten wollen.

fanden Anstellung in Gießereien in den Midlands, in Textilfabriken im Norden, Transportunternehmen der größeren Städte und im staatlichen Gesundheitsdienst.

Trotz des dringenden Bedarfs an solchen Arbeitskräften stießen diese Migranten in allen Bereichen, einschließlich der Gewerkschaften, auf weitverbreitete Feindseligkeit. Die rassistischen Vorurteile und Diskriminierungen, die diese Arbeitnehmer erfuhren, haben über die Jahre dazu geführt, daß sie aus einem vergleichsweise eingeschränkten beruflichen Spektrum nicht herauskamen und auf den schlecht bezahlten und unsicheren Arbeitsplätzen mit unsozialen Arbeitszeiten in gesundheitsschädigender bzw. gefährlicher Umgebung überrepräsentiert waren. Neuere Untersuchungen bestätigen, daß die Nachkommen dieser Arbeiter - die "zweite Generation" der in Großbritannien Geborenen und Aufgewachsenen - noch immer unter Diskriminierung leiden und statistisch häufiger als ihre weißen Altersgenossen mit vergleichbarer Qualifikation arbeitslos sind oder Tätigkeiten nachgehen, für die sie überqualifiziert sind (Hubbuck, Carter 1980; Lee, Wrench 1983; Brown 1984; Cross u.a. 1990). Einer der Hauptgründe dafür liegt zwar in den Einstellungspraktiken der Arbeitgeber, doch haben die Gewerkschaften zumindest eine Teilschuld, weil sie diese Praktiken lange Zeit akzeptiert und gelegentlich sogar abgesprochen hatten. Als Reaktion darauf begannen die schwarzen Arbeiter, eigene Organisationen zu bilden, sowohl innerhalb als auch außerhalb der Gewerkschaften.

Die Reaktion der Gewerkschaften auf Arbeitsmigranten

In diesem Beitrag wird zunächst die Reaktion der britischen Gewerkschaften in den Nachkriegsjahren auf schwarze Arbeitsmigranten zusammengefaßt. Castles (1990, S. 6) listet eine Reihe von Interessenskonflikten auf, zu denen es zwischen westeuropäischen Gewerkschaften und Arbeitsmigranten in bezug auf die grundlegende Aufgabe der Gewerkschaften, die Interessen der Arbeitnehmer am Arbeitsplatz zu vertreten, kommen kann:

- Neue Migranten sind daran interessiert, möglichst schnell möglichst viel Geld zu verdienen, um dann nach Hause zurückzukehren oder Familienangehörige nachkommen zu lassen.

- Sie sind häufig zu vielen Überstunden bereit und arbeiten sehr schnell, wenn die Bezahlung nach Akkord erfolgt.

- Migranten aus einigen Ländern haben keine Erfahrungen mit Industrieunternehmen und Gewerkschaften und können so von den Arbeitgebern zur Spaltung der Belegschaft benutzt werden.

- Sprachliche und kulturelle Barrieren können die Kommunikation am Arbeitsplatz behindern und somit die Aufgabe der Gewerkschaften erschweren.

- Der Rassismus in den postkolonialen Gesellschaften hat die Spaltung der Arbeiterklasse weiter verstärkt.

Castles beschreibt das Dilemma der Gewerkschaften folgendermaßen: Zwar glaubten die Gewerkschaften, sich den Einwanderungswellen widersetzen zu müssen, aber wenn die Arbeitsmigranten einmal im Land waren, mußten sie zur Verhinderung einer Spaltung der Belegschaft organisiert werden. Doch führte die Tatsache, daß sich die Gewerkschaften der Einwanderungsbewegung widersetzten, zu einer Entfremdung der Arbeitsmigranten, die in der Folge weniger beitrittswillig waren. "Somit gab es einen potentiellen Konflikt zwischen der Politik der Gewerkschaften hinsichtlich der Einwanderung einerseits und der Politik gegenüber Arbeitsmigranten, die bereits im Lande waren, andererseits" (Castles, 1990. S. 6).

Die Erfahrungen im Vereinigten Königreich

Die Arbeitsmigranten, die nach dem zweiten Weltkrieg nach Großbritannien kamen, unterschieden sich in mehrerlei Hinsicht von den "Gastarbeitern" in vielen anderen europäischen Ländern. Die meisten dieser Arbeitsmigranten hatten entweder die britische Staatsbürgerschaft oder erfüllten die Voraussetzungen dafür (und durften z.B. an kommunalen und landesweiten Wahlen teilnehmen). Sie waren bald keine "Immigranten" mehr, sondern etablierten sich als ethnische Minderheiten und bereiteten den Boden für ihre Familienangehörigen, die später nachkommen würden.

Ein weiterer Unterschied zu den Erfahrungen anderer europäischer Gastgeberländer liegt in der Tatsache, daß die schwarzen Arbeitsmigranten, die nach dem Krieg nach Großbritannien kamen, eine **überdurchschnittliche** Bereitschaft zeigten, Gewerkschaften beizutreten. Zum Beispiel zeigte eine Erhebung des Instituts für politische Studien (Policy Studies Institute/PSI), daß 1982 56% der Arbeiter aus Asien und der Karibik Gewerkschaftsmitglieder waren, verglichen mit 47% der weißen Arbeiter (Brown 1984, S. 169). Zwar beruht dieser Unterschied zum Teil darauf, daß schwarze Arbeitnehmer in den Industriesektoren überrepräsentiert sind, in denen der gewerkschaftliche Organisationsgrad auch insgesamt höher ist, doch zeigt die PSI-Erhebung, daß die Beitrittsbereitschaft schwarzer Arbeitsmigranten auch unter Berücksichtigung dieser tätigkeitsspezifischen Konzentration vergleichsweise höher ist. Dies spiegelt eine generell stärkere Bindung der schwarzen Arbeitsmigranten in Großbritannien an das Prinzip der gewerkschaftlichen Organisation wider. Im Gegensatz zur stereotypen Vorstellung vom "Streikbrecher", die viele weiße Gewerkschafter hegen, zeigt die Nachkriegsgeschichte, daß schwarze Arbeitsmigranten in Großbritannien ihre weißen Kollegen bei Arbeitskampfmaßnahmen immer wieder sehr bereitwillig unterstützt haben. Es hat den Anschein, daß die schwarzen Arbeitnehmer den britischen Gewerkschaften weit mehr geholfen haben als umgekehrt. Ein schwarzer Arbeiter sagte zu einem Erheber: "Sie wissen, wenn sie uns brauchen, stehen wir hinter ihnen, aber ansonsten wollen sie nichts von uns wissen" (Lee, 1984, S. 2; Lee, Loveridge 1987).

Die Versäumnisse der britischen Gewerkschaften

Generell lassen sich die wichtigsten Versäumnisse der britischen Gewerkschaftsbewegung der Nachkriegszeit im Hinblick auf die schwarzen Mitglieder wie folgt zusammenfassen (Wrench 1987, S. 163):

1. Die Gewerkschaftsführung hat die Erkenntnis versäumt, daß die schwarzen Mitglieder mit anderen Problemen konfrontiert waren als

die weiße Mehrheit ihrer Mitglieder und daß es für sie einer speziellen Politik bedurfte.
2. Fälle von direkter und aktiver Mitarbeit örtlicher gewerkschaftlicher Vertrauenspersonen und Funktionäre an rassendiskriminierenden Vereinbarungen. (In einigen Fällen wurde streikenden schwarzen Mitgliedern die gewerkschaftliche Unterstützung versagt, die gegen diese ungleiche Behandlung protestierten.)
3. Fälle eher passiver Duldung von Praktiken seitens Gewerkschaftssekretären und Vertrauenspersonen, die sich letztendlich als diskriminierend herausstellten, und mangelnde Bereitschaft zur Änderung dieser Praktiken.
4. Einzelne Fälle von rassisch diskriminierendem Verhalten seitens der gewerkschaftlichen Interessensvertreter und Widerstreben seitens der Gewerkschaft, gegen diese disziplinarisch vorzugehen.
5. Generell ein mangelndes Bewußtsein für die Problemkreise Rassendiskriminierung und Chancengleichheit sowie für die besonderen Umstände der ethnischen Minderheiten, das sich nicht notwendigerweise in Form von rassistischem Verhalten manifestiert, tatsächlich jedoch die Mitbestimmung schwarzer Mitglieder innerhalb der Gewerkschaften einschränkt.

Geschichtlich gesehen ist der Umgang der britischen Gewerkschaften mit ihren schwarzen Mitgliedern nicht eben ruhmreich. Zwischen den beiden Weltkriegen gab es in der britischen Industrie eine effektive "Hautfarbenschranke", die von einzelnen Gewerkschaften offen unterstützt wurde. So wurden beispielsweise im Frühjahr 1919 etwa 120 scharze Arbeiter entlassen, die schon seit Jahren in den Liverpooler Zuckerraffinerien und Ölkuchenfabriken angestellt waren, weil sich die weißen Arbeiter weigerten, mit ihnen zusammenzuarbeiten, und seit 1918 hatte sich die Gewerkschaft der Seeleute formal und offen der Einstellung schwarzer Seeleute widersetzt, wenn weiße Crews verfügbar waren (Fryer 1984, S. 298f.).

Obwohl solche Zwischenfälle heute von den Gewerkschaften als "längst vergangen" abgetan werden, bleibt doch die Tatsache, daß nach dem zweiten Weltkrieg der Rassismus in den Gewerkschaften weiterhin verbreitet war, wenn auch bisweilen verdeckter. In vielen Industriezweigen bestanden weiße Gewerkschafter auf einem Quotensystem, mittels dessen der Anteil schwarzer Arbeitnehmer auf (im allgemeinen) 5% begrenzt werden sollte, und es gab stillschweigende Übereinkünfte mit der jeweiligen Firmenleitung, daß das Prinzip, die zuletzt eingestellten Personen zuerst zu entlassen, nicht anzuwenden sei, wenn dadurch weiße Arbeiter vor schwarzen ihre Anstellung verlieren würden (Fryer, 1984, S. 376). 1955 erlegten die organisierten Busfahrer in Wolverhampton ihren Mitgliedern aus Protest gegen die Einstellung schwarzer Busfahrer auf, keine Überstunden mehr zu machen, und in West Bromwich führten die Busfahrer aus dem gleichen Grund eintägige Streiks durch. Im gleichen Jahr stellten die im Bereich Personenbeförderung angestellten Arbeiter auf der jährlichen Versammlung der für sie zuständigen Gewerkschaft TGWU (Transport and General Workers Union) den Antrag, die Einstellung schwarzer Arbeitnehmer im Busverkehr zu verhindern. Ebenso wurden bei den im Gesundheitswesen angestellten Arbeitern Beschlüsse gegen die Einstellung farbiger Krankenschwestern gefaßt (Bentley 1976, S. 135). Bei der Gewerkschaft der Seeleute gab es "feste Absichten", nach dem Krieg die britischen Schiffe von schwarzen Seeleuten freizuhalten (Fryer 1984, S. 367).

Tatsächlich bedurfte es keiner offen rassistischen Praktiken, damit sich schwarze Arbeiter auf begrenzte Arbeitsgebiete konzentrierten und von den Arbeitsbereichen, in die sie nicht eindringen sollten, ferngehalten wurden. Ihre Tätigkeiten waren schlecht bezahlt, untergeordnet, schmutzig und oft gefährlich (Lee, Wrench 1980). Die Meinung der weißen Arbeiter, Schwarze seien als erste zu entlassen, wurde durch diese Trennung noch unterstützt, denn so ließ sich immer das Argument anbringen, es müsse **auf bestimmte Tätigkeitsbereiche** verzichtet werden und nicht auf bestimmte Gruppen von Arbeitern.

Die organisierte Reaktion der schwarzen Arbeiter

Sivanandan (1982, S. 5) beschrieb die anfängliche schwarze Gegenbewegung auf diese Behandlung als "eher spontan, denn organisiert". Die ersten Versuche, sich am Arbeitsplatz zu Gruppen zusammenzuschließen, wurden innerhalb der Fabriken verhindert, und so mußten sich die schwarzen Arbeiter außerhalb organisieren - dies war ein Grund, warum sich die Schwarzen eher im Rahmen ihrer ethnischen Gemeinschaften organisierten als am Arbeitsplatz. Im Kontext des Rassismus seitens der Gewerkschaften war dies eine strategische Stärke, wie spätere Auseinandersetzungen zeigen sollten. 1965 fand in Preston in Courtaulds Red Scar Mill der, wie Sivanandan ihn nannte, "erste wichtige 'Immigranten'-Streik" statt; dort hatten weiße Arbeiter und die Gewerkschaften zusammen mit der Betriebsleitung versucht, asiatische Arbeiter dazu zu zwingen, für verhältnismäßig weniger Geld mehr Maschinen zu bedienen (Sivanandan 1982, S. 15). Später im gleichen Jahr konnte ein Streik asiatischer Arbeiter in der Woolf Rubber Company wegen mangelnder Unterstützung seitens der Gewerkschaft sein Ziel nicht erreichen. Ende der sechziger und Anfang der siebziger Jahre kam es zu einer Reihe von Streiks, bei denen die asiatischen Arbeiter von den örtlichen Verbänden der ethnischen Gemeinschaften bemerkenswert stark und von den örtlichen Gewerkschaften bemerkenswert wenig unterstützt wurden. Insbesondere waren es drei Auseinandersetzungen (1967-68 bei der Goneygre Foundry in Tipton, 1972 bei Mansfield Hosiery in Loughborough und 1974 bei Imperial Typewriters in Leicester), bei denen die Gewerkschaften öffentlich kritisiert und aus ihrer Selbstzufriedenheit herausgerissen wurden. Bei allen drei Auseinandersetzungen hatte es im Vorfeld diskriminierende Absprachen zwischen Betriebsleitung und Gewerkschaft gegeben, so z.B. daß asiatische Arbeiter geringere Löhne erhielten, keine Aufstiegschancen bekamen oder gezielt entlassen werden sollten. In allen drei Fällen erreichten die Streikenden letztendlich ihren Erfolg nicht durch gewerkschaftliche Hilfe, sondern durch die Unterstützung örtlicher Verbände und politischer Gruppen in den ethnischen Gemeinschaften und asiatischer Arbeiter aus anderen Betrieben (Wrench 1987, S. 166f.).

Ein Ergebnis solcher Auseinandersetzungen war eine Konferenz der Gewerkschaften gegen Rassismus im Juni 1973 in Birmingham, die sich u.a. das Ziel gesetzt hatte, auf die einzelnen Gewerkschaften Druck auszuüben, ihren Worten auch Taten folgen zu lassen (Sivanandan 1982, S. 35f.).

Die Reaktion der Gewerkschaften

Der britische Gewerkschaftsdachverband TUC (Trades Union Congress) nahm anfangs den Rassismus nicht zur Kenntnis und rechtfertigte seine Haltung des **laissez-faire** gegenüber Arbeitsmigranten mit der Begründung, die Entwicklung einer speziellen Politik würde einer Diskriminierung der weißen Mitglieder gleichkommen. Wie es ein TUC-Sekretär 1966 formulierte: "Es gibt keinen Unterschied zwischen einem eingewandertern Arbeiter und einem englischen Arbeiter. Wir sind der Auffassung, daß alle Arbeitnehmer die gleichen Rechte haben müssen und sehen keinen Handlungsbedarf für eine andere oder besondere Politik" (Radin 1966, S. 159). Obwohl der TUC in den fünfziger und sechziger Jahren bei seinen Jahresversammlungen Beschlüsse faßte, in denen Rassendiskriminierung und Vorurteile gegen farbige Arbeiter verurteilt wurden, stand die formelle Politik mit der Praxis nicht in Einklang. Dies änderte sich erst zu Beginn der siebziger Jahre, als die Politik des **laissez-faire** einer aktiveren Haltung Platz machte.

Für diesen Wandel gab es eine Reihe von Gründen. Zunächst engagierten sich schwarze und weiße Gewerkschafter immer stärker zu diesem Thema und verschafften sich nicht nur intern Gehör, sondern durch Delegierte auf den Jahresversammlungen, auch vor einer größeren Öffentlichkeit. Zweitens gab es die bereits erwähnten Arbeitskämpfe Ende der sechziger und Anfang der siebziger Jahre, bei denen der Rassismus der offiziellen Gewerkschaftslinie gegenüber schwarzen Mitgliedern sehr deutlich und beschämend demonstriert wurde. Drittens war ein beunruhigendes Anwachsen der politisch extrem rechtsgerichteten Parteien wie der "National Front" zu verzeichnen, die die Spaltung der schwarzen und weißen Arbeiter geschickt auszunutzen wußten und bei einigen dieser Arbeitskämpfe offen die weißen Gewerkschafter unterstützten. So begann der TUC, nachdem er zuerst seinen Widerstand gegen die Antidiskriminierungsgesetze aufgegeben hatte, nun mit aktiven Kampagnen gegen Rassismus in den eigenen Reihen.

Wandel in der Gewerkschaftspolitik

Aus diesem Grunde läßt sich sagen, daß von den angeführten fünf "Versäumnissen" der Gewerkschaftsbewegungen das erste - Fehlen eines speziellen politischen Konzepts der Gewerkschaftsführung - auch als erstes geändert wurde. Bei den anderen Punkten ist es schwieriger, einen Wandel von zentraler Stelle aus einzuleiten. Auf lokaler Ebene wurde die rassistische Belästigung durch weiße Gewerkschafter und die aktive Mitwirkung einzelner Gewerkschaften bei direkter und indirekter Diskriminierung schwarzer Mitglieder weiter fortgesetzt (siehe Wrench 1987). Somit konzentrierte sich die Diskussion in Großbritannien darauf, wie die an der Spitze festgelegte Politik auf den unteren Ebenen umzusetzen sei.

Ende der siebziger und Anfang der achtziger Jahre gab der TUC Weiterbildungs- und Schulungsmaterialien zum Thema Chancengleichheit heraus, die für gewerkschaftsinterne Schulungen bestimmt waren. 1979 versandte der TUC an alle angeschlossenen Gewerkschaften ein Rundschreiben mit der Empfehlung, ein Konzept gegen Rassismus zu entwickeln. 1981 veröffentlichte der TUC eine Broschüre mit dem Titel "Schwarze Arbeitnehmer: Eine TUC-Charta zur Chancengleichheit",[2] in der die Gewerkschaften dazu aufgefordert wurden, zum Thema Chancengleichheit verstärkt aktiv zu werden. Zu den wichtigsten Punkten der 'Charta' gehören:

- Beseitigung von Schranken, die schwarzen Arbeitern den Zugang zu Ämtern in den Gewerkschaften verwehren;

- drastische Maßnahmen bei Beschwerden von Arbeitern gegen Rassendiskriminierung;

- stärkeres Engagement bei der Bekämpfung rassistischer Propaganda;

- Druck auf die Betriebsleitung, die Einstellungs- und Beförderungskriterien offenzulegen;

- Übersetzung von Gewerkschaftsmaterial in die wichtigsten Sprachen ethnischer Minderheiten, wo erforderlich;

---

2 Black Workers: A TUC Charta for Equal Opportunity.

- Aufnahme von Bestimmungen zur Chancengleichheit in Tarifverträge.

Sieben Jahre später wurde die Charta überarbeitet. Überdies arbeitete der TUC mit der Kommission gegen Rassendiskriminierung (Commission for Racial Equality/CRE) bei der Formulierung eines "Verhaltenskodex" zusammen und fordert seitdem die angeschlossenen Gewerkschaften auf, von diesem Kodex Gebrauch zu machen. In jüngster Zeit setzt sich der TUC im Rahmen des Forums der europäischen Gewerkschaftsverbände für die Aufnahme der Themen Rechte der Einwanderer und Gleichberechtigung aller Rassen ein und lenkt die Aufmerksamkeit auf die in Großbritannien gemachte Erfahrung der Bedeutung der Gesetzgebung bei der Bekämpfung der Diskriminierung.

Im Vereinigten Königreich haben die einzelnen Gewerkschaften verstärkt mit der Gründung eigener Komitees bzw. Strukturen begonnen, die bei der Lösung der Problemkreise "Umgang mit ethnischen Minderheiten" und "Chancengleichheit" helfen sollen, und sie betreiben eine aktive Politik der Chancengleichheit und treten für Antirassismus ein. In vielen Gewerkschaften wurden auf Vorstandsebene Sekretäre bestellt, die sich um die Belange schwarzer Gewerkschaftsmitglieder kümmern, ihre innergewerkschaftliche Mitwirkung fördern und ihnen zu Chancengleichheit verhelfen sollen. Eine 1988 durchgeführte Erhebung ergab, daß etwa in der Hälfte der 24 untersuchten Gewerkschaften ein solcher Wandel durchgeführt wurde. Es gab allerdings nur wenige Hinweise darauf, daß die Gewerkschaften verbindliche Regeln gegen rassistisches Verhalten formuliert hatten, und auch die Anzahl der schwarzen Sekretäre/Funktionäre auf höherer Gewerkschaftsebene hatte sich kaum verändert. Nur eine kleine Minderheit der Gewerkschaften akzeptierte das Prinzip offizieller eigener Gewerkschaftsstrukturen für die Selbstorganisation der schwarzen Mitglieder (Labour Research, Juli 1988).

Aktuelle Diskussionen und Probleme in Großbritannien

In den achtziger Jahren waren die Gewerkschaften von der Position abgerückt, schwarze Arbeiter nicht zu unterstützen, weil sie schwarz waren, und eher dazu übergegangen, sie zu unterstützen, weil sie

Gewerkschafter waren. Zwar wurde dies weithin als Fortschritt angesehen, es ist jedoch noch immer eine "farbenblinde" Position, bei der die Tatsache ignoriert wird, daß schwarze Arbeiter nicht nur die gleichen Schwierigkeiten haben wie ihre weißen Kollegen, sondern zusätzlich mit einer Reihe weiterer Probleme konfrontiert sind, die mit Rassismus und Diskriminierung zusammenhängen.

Zwar sind in einigen anderen europäischen Ländern die Gewerkschaften besorgt über den geringen Organisationsgrad der Arbeitsmigranten, doch in Großbritannien war das nie ein Problem. Die Migranten der fünfziger und sechziger Jahre aus Asien und der Karibik waren immer sehr "beitrittswillig". Doch dürfte heute die Rekrutierung neuer Gewerkschaftsmitglieder zunehmend schwieriger werden. Zum einen scheint die überdurchschnittliche Beitrittswilligkeit schwarzer Arbeiter nachzulassen, was zum einen Teil auf die Enttäuschung der Migranten der "ersten Generation" über ihre Behandlung durch die Gewerkschaften über die Jahre hinweg zurückgeführt wurde und zum anderen darauf, daß bei der "zweiten Generation" nicht mehr automatisch von einer ideologischen Nähe zur Gewerkschaft ausgegangen werden kann. Anders ausgedrückt: die britischen Gewerkschaften werden sich mehr anstrengen müssen, um die Loyalität der schwarzen Arbeitnehmer zu gewinnen.

Für die britischen Arbeiter aus ethnischen Minderheiten sind zwei wichtige Themenkreise noch immer von vorrangiger Bedeutung für ihre Beziehung zu den Gewerkschaften. Einmal ist es die Frage, wie der Rassismus anzugehen sei, sowohl im Rahmen des Arbeitsumfeldes als auch in der Gewerkschaft selbst. Zweitens geht es um die Mitbestimmung und Vertretung schwarzer Mitglieder bei gewerkschaftlichen Aktivitäten und in den Gewerkschaftsstrukturen und um das damit in Zusammenhang stehende Problem der Selbstorganisation.

Rassismus und Gewerkschaften

Nach Meinung der schwarzen Mitglieder sind die Gewerkschaftssekretäre noch immer zögerlich, aktiv gegen Rassismus und Diskriminierung vorzugehen, und oft sind diese Probleme für sie kein Thema für Gespräche mit der Geschäftsleitung. (Indessen wird die Rassendiskriminierung von Arbeitgeberseite auf zunehmend subtile Weise fortgesetzt - siehe Wrench 1993.) Eine in den achtziger Jahren durchgeführte Studie kam zu dem Schluß, daß die Gewerkschaften Probleme der schwarzen Arbeiter noch immer erst dann angehen, wenn auch weiße Arbeiter davon betroffen sind. Beispielsweise werden die Probleme der Unterrepräsentierung schwarzer Arbeiter bei besser bezahlten Tätigkeiten, der Ungleichbehandlung bei der Beförderung, ihrer rascheren Entlassung und der rassistischen Belästigungen im Betrieb nicht angegangen (Lee 1984).

Die britischen Gewerkschaften sind vor dem Hintergrund einer über 25 Jahre lang bestehenden Gesetzgebung gegen Rassendiskriminierung tätig. Diese Gesetze wurden 1976 verstärkt und erweitert durch das (dritte) Antidiskriminierungsgesetz (Race Relations Act), in dessen Rahmen auch die CRE eingerichtet wurde. Dieses Gesetz verbietet Rassendiskriminierung u.a. in der Arbeitswelt, und Menschen, die sich als Opfer einer solchen Diskriminierung sehen, können Gerichtsverfahren einleiten; entsprechende Klagen gegen einen Arbeitgeber werden vor Arbeitsgerichten verhandelt. In der Praxis sind die Erfolgschancen von Klagen wegen Rassendiskriminierung vor dem Arbeitsgericht sehr gering; die Erfahrung zeigt jedoch, daß die Chancen steigen, wenn die Unterstützung der jeweiligen Gewerkschaft vorhanden ist. Die 1992 veröffentlichten Untersuchungen zeigten jedoch, daß schwarze Arbeiter noch immer wenig Vertrauen in ihre Gewerkschaften haben, daß diese bei Diskriminierung und Belästigung aktiv werden. Da sie die Gleichgültigkeit ihrer eigenen Gewerkschaft fürchten, ziehen sie es vor, sich an die CRE zu wenden (TUC 1992). Die Gewerkschaftssekretäre wiederum argumentieren, der Grund für ihr Zögern, Fälle von Rassendiskriminierung vor ein Arbeitsgericht zu bringen, liege in der geringen Erfolgsquote solcher Verfahren. Die CRE versucht, mehr Gewerkschaften dazu zu bewegen, sich ihrer Mitglieder mit diesbezüglichen Klagen anzunehmen, denn ihrer Meinung nach wird die Erfolgsrate steigen, wenn die Gewerkschaften den Fällen von Rassendiskriminierung vor dem Arbeitsgericht höhere Priorität einräumen.

Mitbestimmung innerhalb der Gewerkschaften

In der PSI-Studie wurde festgestellt, daß schwarze Mitglieder weitaus seltener als weiße Mitglieder in gewerkschaftliche Funktionen gewählt werden, obwohl sie weitaus häufiger der Gewerkschaft beitreten als Weiße und mit etwa der gleichen Häufigkeit Versammlungen besuchen (Brown 1984, S. 170). Zur Erklärung dieser geringen Mitbestimmung schwarzer Arbeiter in Gewerkschaften schrieb der Runnymede Trust 1974/75:

> "Hier sind verschiedene Kräfte am Werk, die es farbigen und eingewanderten Arbeitern erschweren, sich voll in die Bewegung einzubringen. Dazu zählen Faktoren wie Sprachbarrieren, Schichtarbeit, ethnische Arbeitsgruppen und der Mangel an gewerkschaftlicher Erfahrung" (S. 24).

Diese Erklärung beschränkt sich im wesentlichen auf die besonderen Umstände und die speziellen Bedürfnisse der schwarzen Arbeiter selbst. Das Problem des Rassismus wird hier nicht erwähnt. 1980 brachten Phizacklea und Miles das Argument vor, die Erfahrung von Rassendiskriminierung und Rassismus am Arbeitsplatz und innerhalb der Gewerkschaften trage zur Erklärung der geringeren Beteiligung von Angehörigen ethnischer Minderheiten an gewerkschaftlichen Aktivitäten am Arbeitsplatz bei. Der Grund, warum es so wenige schwarze gewerkschaftliche Vertrauenspersonen gebe, liege nicht darin, daß es meist 'neue' Mitglieder sind - dies war nicht der Fall - sondern daß sie nicht im Rahmen der üblichen informellen Prozesse 'ermuntert' wurden. Überdies sei ein schwarzer Arbeitnehmer, der mit Rassismus im Arbeitsumfeld konfrontiert ist, weniger bereit, eine Position zu bekleiden, die "persönliche Opfer zum Wohl der Allgemeinheit" erfordert (vgl. Phizacklea, Miles 1980, S. 125).

Weiße Gewerkschafter führen den Mangel an gewerkschaftlicher Mitarbeit der schwarzen Arbeitnehmer auf deren Trägheit und mangelndes Intersse zurück. Schwarze Mitglieder geben zurück, nach jahrelanger Rassendiskriminierung und Vernachlässigung ihrer Probleme innerhalb der Gewerkschaften dürfe es nicht überraschen, wenn sie sich nur ungern zur Wahl stellten (Lee 1984, S. 12). Schwarze Arbeiter gaben an, bei Gewerkschaftsversammlungen den Eindruck zu haben, ihre Probleme würden aufgrund der Apathie der weißen Mehrheit ausgeklammert. Dies wurde als das grundlegende Problem angesehen, nämlich in einer Organisation, die auf die Wahrung der Interessen der Mehrheit ausgerichtet ist, eine Minderheit zu sein. Ein schwarzer Gewerschafter formulierte es so: "Wie soll man in einem demokratischen System arbeiten, wenn das Vorteilsdenken der Mehrheit jeden Fortschritt der Minderheit verhindert?" (Lee 1984, S. 9).

Dies führt zur Diskussion darüber, ob es eigene Gewerkschaften für schwarze Arbeitnehmer geben sollte. Hier stecken die schwarzen Gewerkschafter in einem Dilemma. Einerseits sehen sie ihre Interessen von den Gewerkschaften ignoriert, andererseits ist ihnen klar, daß eine eigene Gewerkschaft von anderen Gewerkschaften und der Betriebsleitung möglicherweise isoliert, geschwächt und ignoriert werden kann. Gleichzeitig würde der interne Druck auf andere Gewerkschaften, sich dem Thema Rassismus zu stellen, verringert. Aus diesem Grunde wurde bisher die alternative Taktik verfolgt, Organisationen zu bilden, mit denen Druck auf die vorhandenen Gewerkschaften ausgeübt werden soll. Dies können sowohl Organisationsstrukturen innerhalb der Gewerkschaften als auch separate Organisationen sein.

Außerhalb der Gewerkschaften bestehende Organisationen

In den achtziger Jahren bildeten Angehörige ethnischer Minderheiten eine Reihe von arbeitsplatzbezogenen Gruppen außerhalb der Gewerkschaften. Beispielsweise gründete eine Gruppe Arbeitnehmer im staatlichen Gesundheitsdienst (National Health Service/NHS) eine Vereinigung, die Einfluß auf eine Reihe der für das Gesundheitswesen zuständigen Gewerkschaften nahm; andere Gruppen wurden innerhalb lokaler Behörden gebildet, um Druck auf Stadt- und Gemeinderäte und die entsprechenden Gewerkschaften auszuüben (siehe Wrench 1987, S. 177). Ein Beispiel für eine externe Gruppe, die viele Jahre lang großen Einfluß auf die Gewerkschaften ausübte, ist der Verband der indischen Arbeiter (Indian Workers Association/IWA), der von seinen Mitgliedern die Gewerkschaftsmitgliedschaft erwartet und ihnen hilft, die für sie relevanten Themen auf allen Gewerkschaftsebenen vorzubringen.

Der IWA hat seine Ursprünge in den Organisationen, die die in Großbritannien lebenden Inder in den dreißiger Jahren gründeten. Deren vorrangiges Ziel war die Unabhängigkeit Indiens, und nachdem Indien und Pakistan 1947 politisch unabhängig geworden waren, lösten sich die Verbände nach und nach auf. In den fünfziger Jahren wurden sie jedoch wieder aktiv, weil sie u.a. die Notwendigkeit sahen, den neuankommenden indischen Migranten Unterstützung zu geben. Die politische Philosophie des IWA war immer klar und deutlich - der Kampf gegen Rassismus und Diskriminierung ist eingebettet in den umfassenden Auftrag, eine starke und solidarische Arbeiterbewegung zu schaffen. Da sich nach Meinung des IWA viele weiße Arbeiter korrumpieren ließen und rassistisches Verhalten annahmen, während gleichzeitig die schwarzen Arbeiter sowohl durch ihre Erfahrungen mit der Ausbeutung als auch durch ihren früheren Kampf gegen den Imperialismus zunehmend politisiert wurden, müssen die schwarzen Arbeiter beim Kampf am Arbeitsplatz die Initiative ergreifen.

"Wir spüren, daß sich die Einheit (zwischen schwarz und weiß) beim Kampf entwickeln wird. Damit soll die Notwendigkeit, daß schwarze Arbeiter in jedem Betrieb ihr eigenes Gremium brauchen, keineswegs geleugnet werden. Wir treten nicht für separate Gewerkschaften für Schwarze ein; dies würde bedeuten, das Spiel der Kapitalisten mitzuspielen, die die Arbeiterklasse spalten wollen" (Bericht des Generalsekretärs des IWA Avtar Joual, 1970, S. 21/22, zitiert in Josephides 1990, S. 119).

Der IWA war bei seinen Aktivitäten recht erfolgreich, anfangs durch den Druck auf bestimmte Gewerkschaften, indische Mitglieder aufzunehmen, dann bei zahlreichen Kampagnen anläßlich einzelner Fälle von Rassismus und Diskriminierung am Arbeitsplatz. IWA-Mitglieder betrachten ihre Organisation nicht als Alternative zu einer Gewerkschaft, sondern sie sehen sich selbst als entschiedene Gewerkschafter, die Verbindungen zu anderen multirassischen, fortschrittlichen Gruppen begrüßen. Grundsätzlich aber pflegen sie keinen Umgang mit den von der britischen Regierung eingerichteten Gremien wie der CRE (Josephides 1990).

Selbstorganisation innerhalb der Gewerkschaften

Viele schwarze Arbeiter sind der Meinung, sich nur durch Selbstorganisation innerhalb der Gewerkschaften, in eigenen Strukturen, Gehör verschaffen zu können. (Nur selten hat eine Gewerkschaft die Entwicklung selbstorganisierter Gruppen aktiv erleichtert; das bekannteste Beispiel ist die Gewerkschaft für Angestellte im öffentlichen Dienst (National and Local Government Officers Association/NALGO), eine der beiden wichtigsten Angestelltengewerkschaften. Diese Taktik wird in der weißen Gewerkschaftshierarchie mit Mißtrauen beobachtet, wo generell eine Strategie bevorzugt wird, die man als "passive Assimilierung" bezeichnen könnte. Diese Strategie wurde in einer kürzlich erschienen Broschüre zur Selbstorganisation beschrieben:

> "... schließlich werden Minderheiten in den Reihen der Gewerkschaftshierarchie aufsteigen können und anderen als Vorbild dienen; in der Zwischenzeit werden die Gewerkschaften zunehmend liberaler und dadurch einen positiven Kreislauf starten, indem Minderheiten in die Arbeiterbewegung eingebunden werden, wo ihre ähnlichen Erfahrungen und Interessen überbrückt werden, was ethnisch trennt. Die Probleme der Minderheiten können am besten durch eine Strategie gelöst werden, die von Anfang an davon ausgeht, daß alle Menschen gleich sind. Autonome Organisationen innerhalb des politischen Gesamtkörpers werden deshalb als trennend und kontraproduktiv erachtet" (Virdee, Grint 1992).

Paradoxerweise tendieren weiße Gewerkschafter in Großbritannien dazu, sich bei ihrer Argumentation gegen eigene Organisationen für schwarze Arbeiter auf einen kruden marxistischen Ansatz zurückzuziehen, insbesondere auf die These, die Klasseninteressen von Arbeitern und Angestellten hätten Vorrang vor Gruppeninteressen, die sich etwa an Rasse oder ethnischer Herkunft orientieren. Virdee und Grint halten dies für paradox, da die britische Gewerkschaftsbewegung traditionell den marxistischen Ansätzen ablehnend gegenübersteht.

Angesichts dieser Diskussionen und der nach wie vor zentralen Rolle der Gewerkschaften bei Vorstößen in Richtung auf Chancengleichheit im Arbeitsbereich hat die CRE zu Beginn der neunziger Jahre eine Studie über die Mitbestimmung schwarzer Arbeitnehmer in Gewerkschaften in Auftrag gegeben, die am Forschungszentrum für interethnische Beziehungen (Centre for Research in Ethnic Relations) durchgeführt wurde. Ein zusammenfassender Bericht wurde zum ordentlichen Gewerkschaftskongress des Dachverbands TUC im September 1992 veröffentlicht (CRE 1992), der gesamte Bericht wird 1993 erscheinen (Virdee 1993). Im Rahmen dieser Studie wurden Interviews durchgeführt mit schwarzen und weißen ehrenamtlichen Interessenvertretern, schwarzen Mitgliedern und Sekretären der unteren Organisationsebenen dreier Gewerkschaften sowie mit führenden Gewerkschaftsfunktionären, die in ihrer jeweiligen Gewerkschaft für die Problemkreise Rassismus und Chancengleichheit zuständig sind.

Virdee stellte fest, daß das Thema Selbstorganisation von den Befragten regelmäßig zur Sprache gebracht wurde. Faktoren, die Gründe für die Forderung nach Selbstorganisation lieferten, waren unter anderem Enttäuschung über den langsamen Fortschritt der Gewerkschaften beim Problem des Rassismus, bei der Förderung der Mitbestimmung schwarzer Mitglieder und bei Verhandlungen über die Gleichberechtigung ethnischer Minderheiten.

Die Studie zeigt auf, daß schwarze Gewerkschafter bei der Frage der Selbstorganisation uneins sind. So zum Beispiel stellte Virdee bei gewerkschaftlich organisierten Angestellten in Südlondon ein gewisses Maß an Enttäuschung unter den schwarzen Aktivisten fest, die als Hauptproblem bei der Gewerkschaft immer noch den fehlenden Einsatz gegen Rassismus am Arbeitsplatz angaben. Diese Angestelltengewerkschaft hatte auf nationaler Ebene ein Gremium zur Beratung Angehörige ethnischer Minderheiten (Ethnic Minority Advisory Committee) gegründet: doch ihre schwarzen Mitglieder dürfen ihre Vertreter in dieses Komitee nicht direkt wählen, und von einigen schwarzen Gewerkschaftern wurde das Komitee als "Kaffeekränzchen" bezeichnet, bei dem nur über "unstrittige" Themen geredet werde. Nachdem einige Mitglieder versucht hatten, über die vorhandenen Strukturen der Gewerkschaft einen Wandel herbeizuführen, waren sie zögernd zu der Erkenntnis gelangt, daß Selbstorganisation der einzige Weg sei, wirksame Veränderungen durchzuführen. Ein schwarzes Mitglied meinte: "Ich bin für Selbstorganisation. ... Nur wir kennen unsere Probleme, und wenn wir uns für die Lösung dieser Probleme nicht einbringen können, dann kann es niemand für uns tun." Nicht nur schwarze Aktivisten dachten so - einige weiße Gewerkschafter, die mit den schwarzen Mitgliedern zusammengearbeitet und deren starke Bindungen zur Gewerkschaft schätzen gelernt hatten, bestätigten dies durch ihren Willen, die Forderungen nach Selbstorganisation zu untersützen.

Bei derselben Gewerkschaft in den Midlands waren die Mitglieder allerdings mehrheitlich gegen Selbstorganisation. Dort argumentierten sowohl schwarze als auch weiße Befragte, dies diene lediglich der "Ghettoisierung" des Kampfes gegen Rassismus und führe dazu, daß nur schwarze Mitglieder sich dieses Problems annähmen, dabei müßten sich alle Mitglieder darum bemühen. Der dortige Sekretär sagte: "Ich will nicht, daß sich irgendwann nur schwarze Mitglieder mit den Angelegenheiten der schwarzen Mitglieder befassen ... denn als Gewerkschaft haben wir alle mit den gleichen Problemen zu tun, und es ist wichtig, daß wir uns nicht aufspalten." Seiner Meinung nach könnte diese Entwicklung zu einem Klischee führen, demgemäß von schwarzen Mitgliedern nur erwartet würde, daß sie sich zu Angelegenheiten der schwarzen Bevölkerungsgruppen äußern.

Nur für eine Minderheit der Befragten bedeutete Selbstorganisation die Bildung einer eigenen schwarzen Gewerkschaft. Verbreiteter war die auf dem 1992 abgehaltenen landesweiten Kongress der im TUC organisierten schwarzen Arbeitnehmer vertretene Ansicht, Selbstorganisation bedeute, die schwarzen Mitglieder innerhalb der Gewerkschaften auf allen Ebenen in Gruppen zu organisieren, mit einer jährlichen Konferenz für schwarze Mitglieder, auf der schwarze Vertreter Beschlüsse über speziell für Schwarze relevante Themen fassen.

Zum Thema Selbstorganisation wurden in dieser Studie eine Reihe von Fragen aufgeworfen. Würde Selbstorganisation zur Marginalisierung des Problems der Rassendiskriminierung führen? Würde es außerhalb der Großstädte überhaupt genügend potentielle schwarze Mitglieder geben, um die Selbstorganisation zu ermöglichen? Wie wären die Beziehungen zwischen den Vertretern der schwarzen Mitglieder, der gesamten schwarzen Mitgliedschaft und den allgemeinen gewerkschaftlichen Strukturen in der Satzung zu regeln? Der Bericht betont, wie wichtig es ist, die Diskussion zu diesen Themen fortzusetzen (CRE 1992).

Neue Probleme der Rekrutierung

Trotz des vergleichsweise hohen gewerkschaftlichen Organisationsgrades der schwarzen Arbeiter in Großbritannien wird die Gruppe der gewerkschaftlich unterrepräsentierten schwarzen Arbeiter bzw. Arbeitsmigranten immer größer. Dies sind Arbeiter im expandierenden Niedriglohnbereich mit ungeschützten Arbeitsverhältnissen - Hilfsarbeit, Teilzeitarbeit, Raumpflegearbeiten und Heimarbeit. Hier sind oft die verletzlichsten Gruppen vertreten, z.B. asiatische Frauen mit geringen Englischkenntnissen, Flüchtlinge und illegale Arbeiter, und dies ist auch die Kategorie, die sich am schwierigsten gewerkschaftlich organisieren läßt. In ganz Europa werden - durch die Verschärfung der Bestimmungen zur Erteilung der Arbeitserlaubnis - immer mehr Arbeitsmigranten zu "Illegalen". In der Folge "werden sie aufgrund ihrer schwachen Verhandlungsposition von den Arbeitgebern bevorzugt" (Labour Research, Februar 1989).

> "Ohne Aufenthalts- und meist auch ohne Arbeitsgenehmigung, ohne Recht auf Wohnung oder medizinische Grundversorgung, und angesichts der ständig drohenden Ausweisung sind die neuen Migranten gezwungen, Löhne und Bedingungen zu akzeptieren, zu denen kein einheimischer Arbeiter, sei er schwarz oder weiß, arbeiten würde. Sie haben kein Recht auf Rente, keine Sozialversicherung, die Arbeitgeber brauchen sie nicht zu versichern - sie sind ungesetzlich, illegal, ersetzbar" (Sivanandan 1989, S. 87).

Viele britischen Gewerkschafter haben die Notwendigkeit erkannt, diese Arbeiter zu organisieren. Zum Beispiel versucht die TGWU seit einiger Zeit, in Nordlondon die ungeschützten Arbeiter - einschließlich kurdischer Flüchtlinge und illegaler Arbeiter - zu organisieren und hatte einigen Erfolg bei der Rekrutierung von Mitgliedern und beim Aushandeln von Entschädigungen nach unfairer Entlassung und der Zahlung noch ausstehender Löhne. Der Vorsitzende der örtlichen Gewerkschaft meinte: "So ergeht es den illegalen Arbeitern - sie arbeiten eine oder zwei Wochen, und wenn sie dann ihren Lohn wollen, sagt der Chef: 'Nichts da, und wenn du jetzt nicht sofort gehst, hole ich die Polizei'" (Labour Research, August 1989).

Die britischen Gewerkschaften sehen sich zu einem für sie besonders ungünstigen Zeitpunkt mit diesen neuen Herausforderungen konfrontiert. Die vergangenen 15 Jahre waren aufgrund der Rezession und des Rückgang der Mitgliederzahlen außergewöhnlich schwierig, insbesondere durch die Arbeitspolitik der konservativen Regierung seit 1979, deren ausdrückliches Ziel es war, die Macht der Gewerkschaften im Vergleich zu der der Arbeitgeber zu schwächen, neue Rechtsansprüche der Nichtmitglieder an die Gewerkschaften zu schaffen und generell den Einfluß der Gewerkschaften auf die Gesellschaft zu verringern (Smith, Morton 1992). Im August 1992 wurde vermeldet, daß die anhaltende Rezession und der drastische Anstieg der Arbeitslosigkeit 1991 in den meisten dem Dachverband TUC angeschlossenen Gewerkschaften zu einem Mitgliederschwund geführt hat. Nach einem Gesamtverlust von 5,3% der Mitglieder verblieben den dem TUC angeschlossenen Gewerkschaften insgesamt 7.747.000 Mitglieder (Labour Research, August 1992). Dies ist nicht gerade ein günstiges Klima zur Entwicklung neuer Initiativen in den Bereichen Chancengleichheit und Antirassismus oder für die Forderung nach weiteren Mitteln zur Rekrutierung neuer Mitglieder in den schwierigen Bereichen.

Eine Fallstudie: Die TGWU

Zur Illustration einiger dieser Probleme in der Praxis soll in diesem Referat eine Fallstudie dienen, nämlich die Transport- und Allgemeine Arbeitergewerkschaft TWGU, die mehr als 1/7 der TUC-Gewerkschafter repräsentiert. Diese Gewerkschaft ist aus mehreren Gründen ein gutes Beispiel: Erstens ist sie die größte Gewerkschaft in Großbritannien, und ein Großteil ihrer gegenwärtigen Probleme bei den Initiativen zu Chancengleichheit und Antirassismus gelten auch für viele andere Gewerkschaften. Zweitens sind in der TGWU mehr schwarze Mitglieder als in jeder anderen britischen Gewerkschaft organisiert, und sie ist die einzige Gewerkschaft in Großbritannien, in der - im April 1992 - ein schwarzer Generalsekretär gewählt wurde. Drittens gehört sie zu den Gewerkschaften, die 1992 in der CRE-Studie untersucht wurden, wodurch aktuelle Informationen von der Basis über einige der Probleme bei der Rekrutierung von schwarzen Arbeitern bzw. Migranten vorliegen.

Wie viele andere Gewerkschaften wurde auch die TGWU in den Jahren der Regierung Thatcher stark geschwächt: 1972 hatte sie über 2 Millionen Mitglieder; diese Zahl ist nun auf 1,2 Mio gefallen. Die TGWU hat die Notwendigkeit erkannt, durch Initiativen "nicht-traditionelle" Mitglieder wie Gelegenheits- und Teilzeitarbeiter anzuwerben, darunter überdurchschnittlich viele Frauen und Angehörige ethnischer Minderheiten.

Die letzte von Virdee durchgeführte CRE-Studie zeigt einige der Probleme der TGWU bei der Mitgliederrekrutierung in diesen schwierigen Bereichen auf. Virdee befaßte sich vorrangig mit dem Elend der Reinigungskräfte am Londoner Flughafen Heathrow Airport, eine vorwiegend aus asiatischen Frauen bestehende Belegschaft, die bei äußerst geringem Lohn und unsozialen Arbeitszeiten körperlich schwere Arbeit leisten müssen, was noch verschlimmert wird durch rassistisches und sexistisches Verhalten seitens des Aufsichtspersonals und der Arbeitgeber. Unlängst startete die TGWU eine Initiative, um die Reinigungskräfte zu orgainisieren und ihre Arbeitszeiten und -bedingungen zu verbessern.

Aufgrund der Probleme, mit denen die Gewerkschaften mit ihrer Arbeitsweise unter solchen Umständen konfrontiert sind, mußten die schwarzen Arbeiter bei arbeitsrechtlichen Auseinandersetzungen schon immer auf die Unterstützung von Organisationen aus ihren ethnischen Gemeinschaften bzw. freiwilliger Organisationen zurückgreifen. Viele der Reinigungskräfte sprachen sich aktiv dafür aus, sich außerhalb der Gewerkschaft statt in ihr zu organisieren, weil sie die Gewerkschaft als eine ihnen ablehnend gegenüberstehende Organisation der Weißen ansahen. Das örtliche Gewerkschaftsbüro beschäftigte, inmitten einer überwiegend asiatischen Bevölkerung, ausschließlich Weiße, die kaum etwas über die örtlichen ethnischen Gemeinschaften wußten. Einige Reinigungskräfte waren der Meinung, die weißen Gewerkschaftssekretäre hätten rassistische Einstellungen und die weißen gewerkschaftlichen Vertrauenspersonen seien nach wie vor gleichgültig, wenn es darum ging, rassistisches Verhalten zu bekämpfen. Die örtlichen Gewerkschaftsvertreter hatten keinerlei Erfahrung mit der Betreuung ihrer schwarzen Mitglieder. Ein schwarzer Gewerkschaftssekretär erklärte: "... da ist man in Southall und hat mit Asiaten zu tun, aber an keinem einzigen Schreibtisch im Gewerkschaftsbüro sitzt ein Asiate... Niemand erkennt dieses Problem - Asiaten fühlen sich einfach nicht wohl, wenn sie in ein Büro gehen, in dem nur Weiße sitzen."

Im Januar 1991 bestellte die TGWU für befristete Zeit einen Sekretär zur Organisation der Reinigungskräfte. Sieben Monate später war die Mitgliedschaft in diesem Bezirk von 6 auf 50 angestiegen. Dies war zwar ein guter Anfang, doch das Potential an Mitgliedern belief sich auf etwa 1.000. Eine schnellere Rekrutierung war nicht möglich, denn der Sekretär durfte die Reinigungskräfte nicht am Arbeitsplatz zum Beitritt auffordern, weil es keine Vereinbarung zur Anerkennung der Gewerkschaft gab. Ebensowenig war die Rekrutierung an den religiösen Versammlungsorten möglich, da die Reinigungskräfte sehr unsoziale Arbeitszeiten hatten: einige arbeiteten 7 Tage in der Woche 16-Stunden-Schichten, andere mußten aufgrund der geringen Entlohnung zwei Tätigkeiten nachgehen. Folglich blieb dem Sekretär nur, den Reinigungskräften zuhause einen Besuch abzustatten und ihnen die Vorteile der Gewerkschaftsmitgliedschaft erklären, eine zeitaufwendige Strategie, da oft mehrere Besuche pro Haushalt erforderlich waren. Daher wußten auch nur wenige Reinigungskräfte überhaupt von der Gewerkschaft. Später im gleichen Jahr begann die TGWU mit der Vorbereitung von Literatur über Gesundheit und Sicherheit am Arbeitsplatz in den jeweiligen asiatischen Sprachen.

Eine weitere Folge der unsozialen Arbeitszeiten der Reinigungskräfte war, daß diese fast nie an örtlichen Gewerkschaftssitzungen teilnehmen konnten. Dadurch bleiben sie weiterhin isoliert, haben kein gemeinsames Forum, um ihre Klagen vorzubringen, und ihr einzige Ansprechpartner ist dieser eine Sekretär, der sein bestes tut, ihnen individuell mit Informationen über ihre Arbeitsbedingungen weiterzuhelfen.

Ein wichtiger Punkt, der aus diesen Erfahrungen resultierte, war der offensichtliche Bedarf an weiblichen asiatischen gewerkschaftlichen Vertrauensleuten. Mehr als 90% der Reinigungskräfte waren Frauen, dagegen waren mehr als 90% des Aufsichtspersonals männlich. Daher war der vollzeitlich beschäftigte Sekretär der Meinung, es müsse eine "aktive Förderpolitik" betrieben werden, damit mehr weibliche Vertrauensleute gewählt wurden, zum Beispiel durch die Zulassung von ausschließlich weiblichen Kandidaten für die Position von Vertrauenspersonen in Arbeitsbereichen mit mehrheitlich weiblicher

Belegschaft. Doch erlauben die gewerkschaftlichen Vorschriften eine solche Vorgehensweise derzeit nicht. Der Sekretär betonte weiterhin den Bedarf eines asiatischen Sekretärs für die Probleme der Chancengleichheit im örtlichen TGWU-Büro, insbesondere weil viele der älteren asiatischen Frauen mit der englischen Sprache Probleme hatten.

Während der Durchführung der Studie stand der Vertrag des Sekretärs kurz vor dem Auslaufen, und es gab keinen asiatischen örtlichen Gewerkschafter, der sich danach um die Belegschaft hätte kümmern könnte. Falls sich nichts ändere, so die Vermutung des Sekretärs, würden die Reinigungskräfte das Vertrauen in die Gewerkschaft wieder verlieren und die Mitgliedzahl werde schwinden.

Weiterreichende Auswirkungen

Diese spezielle Fallstudie zeigt eine Reihe weiterreichender Auswirkungen auf, die für das Verhältnis zwischen Arbeitsmigranten und Gewerkschaften von Bedeutung sind. In einer Zeit sinkender Mitgliederzahlen und zunehmender Marginalbereiche mit arbeitnehmerunfreundlichen Arbeitsbedingungen werden die Gewerkschaften verstärkt Initiativen ergreifen müssen, um schwarze Arbeitnehmer bzw. Angehörige ethnischer Minderheiten in diesen Tätigkeitsbereichen zum Beitritt zu bewegen. Die obige Fallstudie zeigt, daß diese Aufgabe durch die Schranken der Isolation, der Sprache, niedriger Bezahlung und unsozialer Arbeitszeit erschwert wird. Die Gewerkschaften können sich nicht den Luxus leisten, schlicht darauf zu warten, daß die Arbeiter von selbst kommen und beitreten. Es muß mehr an Zeit und Mitteln bereitgestellt werden; spezielle Initiativen sind erforderlich, wobei auch die Strukturen innerhalb der ethnischen Gemeinschaften und anderer Organisationen sowie die für ethnische Minderheiten bestimmten lokalen Zeitungen und Radiosender genutzt werden müssen. Für die Mitgliederwerbung bestimmtes Informationsmaterial der Gewerkschaften und andere Materialien müssen in die entsprechenden Sprachen übersetzt werden. Auf lokaler Ebene werden Gewerkschaftssekretäre aus den Reihen der ethnischen Minderheiten gebraucht, da sie über die erforderlichen Kenntnisse der jeweiligen Sprache und Kultur verfügen. Wenn es zum Beispiel die gewerkschaftlichen Regeln nicht zulassen, daß eine aktive Förderpolitik betrieben wird, damit in den Bereichen, in denen weibliche Angehörige ethnischer Minderheiten tätig sind, weibliche Vertrauenspersonen und Sekretäre ethnischer Minderheiten gewählt werden, dann müssen vielleicht diese Vorschriften geändert werden. Die Gewerkschaften müssen den Minderheiten deutlich machen, daß sie sich nicht nur um die traditionell in ihren Bereich fallenden Belange der schwarzen Arbeitnehmer kümmern, sondern für ihre schwarzen Mitglieder auch gegen Rassismus kämpfen und sich weiterreichenden Problemkreisen stellen, wie z.b. der ungerechten Behandlung von Immigranten und rassistischer Belästigung auf der Straße.

Virdees Studie läßt weiterhin den Schluß zu, daß Theorie und Praxis, nationale und lokale Gewerkschaftsebene oft nicht übereinstimmen. So entwickelt zum Beispiel die TGWU auf nationaler Ebene zunehmend Aktivitäten in den Bereichen Rassismus und Chancengleichheit. Es wurde ein hauptamtlicher Sekretär bestellt, der sich um Rassenprobleme kümmert, und in jedem Bezirk gibt es ein Komitee für Rassenfragen, dessen Mitglieder alle 2 Jahre von den Bezirks- bzw. Gewerkschaftskomitees gewählt werden. Die Gewerkschaft versucht sicherzustellen, daß die Mitarbeiter in jedem Ortsbüro zumindest an einem eintägigen Weiterbildungskurs zum Thema Rassenprobleme teilnehmen. 1991 wurde ein spezieller Leitfaden für Verhandlungen herausgegeben: "Gleichheit für alle - Gleichberechtigung aller Rassen am Arbeitsplatz", in dem eine Reihe von Themen behandelt wird, wie zum Beispiel Mitgliederwerbung und Probleme bei der Beförderung, rassistische Belästigung, Chancengleichheit, gerichtliche Schritte gegen Rassendiskriminierung und Klagen vor dem Arbeitsgericht.

Somit haben wir bei der TGWU den Fall, daß in den oberen Etagen die politischen Konzepte geändert werden und sich gleichzeitig an der Basis Aktivisten organisieren. Die Unbeweglichkeit scheint auf der mittleren Ebene zu liegen, in den Orts- und Bezirksbüros. Das auf nationaler Ebene herausgebrachte Material scheint nicht immer bis zur Basis durchzudringen, und die Aktivisten haben den Eindruck, zuwenig Unterstützung von den lokalen Gewerkschaftsbüros zu erhalten. Die britischen Gewerkschaften müssen ihre Aufmerksamkeit verstärkt darauf richten, was hier falsch läuft; obwohl auf nationaler Ebene verbesserte politische Konzepte und Materialien erarbeitet werden, ist es noch immer problematisch, diese Politik über die lokalen Büros in konkrete Aktionen umzusetzen.

Literatur

Bentley, S.: Industrial Conflict, Strikes and Black Workers: Problems of Research Methodology, New Community 1-2, Summer 1976.

Brown, C.: Black and White Britain: The Third PSI Survey, London 1984.

Castles, S.: Labour Migration and the Trade Unions in Western Europe, Occasional Paper No. 18, Centre for Multicultural Studies, University of Wollongong 1990.

CRE: Part of the Union? Trade union participation by ehtnic minority workers, Commission for Racial Equality, London 1992.

Cross, M., J. Wrench, J. Barnett: Ethnic Minorities and the Careers Service: An Investigation into Processes of Assessment and Placement, Department of Employment Research Paper No. 73, London 1990.

Fryer, P.: Staying Power: The History of Black People in Britain, London 1984.

Hubbuck, J., S. Carter: Half a Chance? A Report on Job Discrimination against Young Blacks in Nottingham, Commission for Racial Equality, London 1980.

Josephides, S.: Principles, strategies and anit-racist campaigns: the case of the Indian Workers Association, in H. Goulbourne (Hrsg.): Black Politics in Britain, Avebury, Aldershot 1990.

Lee, G., J. Wrench: Accident-Prone Immigrants: An Assumption Challenged, Sociology 14 (4), November 1980.

Lee, G., J. Wrench: Skill Seekers - Black Youth, Apprenticeships and Disadvantage, National Youth Bureau, Leicester 1983.

Lee, G.: Trade Unionism and Race: A Report to the West Midlands Regional Council of the Trades Union Congress, December 1984.

Lee, G.: Black Members and their Unions, in: G. Lee, R. Loveridge (Hrsg.): The Manufacture of Disadvantage, Open University Press, Milton Keynes 1987.

Modood, T.: 'Black', Racial Equality and Asian Identity, New Community 14 (3), 1988.

Owen, D.: The Location of Ethnic Minorities in Great Britain, National Ethnic Minority Data Archive, 1991 Census Factsheet No. 1, Centre for Research in Ethnic Relations, University of Warwick 1992.

Phizacklea, A., R. Miles: Labour and Racism, London 1980.

Radin, B.: Coloured Workers and British Trade Unions, Race VIII (2), 1966.

Runnymede Trust: Trade Unions and Immigrant Workers, New Community IV (1), 1974/75.

Sivanandan, A.: A Different Hunger: Writings on Black Resistance, London 1982.

Smith, P., G. Morton: Union Exclusion and the Decollectivisation of Industrial Relations in Contemporary Britain, British Journal of Industrial Relations, Sept. 1992.

TUC: Involvement of Black Workers in Trade Unions, Ruskin College/Northern College, Trade Union Congress London 1992.

Virdee, S.: Black Workers' Participation and Representation in Trade Unions, Centre for Research in Ethnic Relations/Commission for Racial Equality, vorauss. 1993.

Virdee, S., K. Grint: Race, Class and Labour: Black Self Organisation in Trade Unions, unveröffentlichtes Manuskript, 1992.

Wrench, J.: Unequal Comrades: trade unions, equal opportunity and racism, in: R. Jenkins, J. Solomos (Hrsg.): Racism and Equal Opportunity Policies in the 1980s, Cambridge 1987.

Wrench, J.: Racism and the Labour Market in Post War Britain: The 'Second Generation' and the Continuance of Discrimination, in D. van Arkel, R.C. Kloosterman (Hrsg.): Racism and Power Relations in the Labour Market, Amsterdam 1993.

Rinus Penninx

Einwanderungs- und Minoritätenpolitik der Niederlande

1. Einwanderung und Einwanderer in den Niederlanden

In der Nachkriegszeit betrachteten sich die Niederlande als ein "überbevölkertes" Land. Sowohl in der öffentlichen Meinung als auch in Regierungsdokumenten wurde explizit festgestellt, daß die Niederlande kein Einwanderungsland seien und dies auch nicht werden wollten. Im Gegenteil, von seiten der Regierung wurde eine aktive Förderung der Auswanderung betrieben, und zwischen 1946 und 1972 emigrierten mehr als eine halbe Million niederländischer Staatsbürger nach Kanada, Australien, Neuseeland usw. Dennoch wurden die Niederlande im gleichen Zeitraum de facto zu einem Einwanderungsland. Die Migrationsstatistiken belegen, daß die Wanderungsbilanz seit Anfang der sechziger Jahre positiv war, einzige Ausnahme ist die Depression von 1967. Die Einwanderungswellen erfolgten in verschiedenen Zeiträumen, und die Gründe für die Zuwanderung in die Niederlande sowie die Motive der neu Hinzugekommenen variieren beträchtlich.

In einer mehr oder weniger chronologischen Reihenfolge wären als erste Einwanderer die "Repatriierten" aus Niederländisch-Ostindien/ Indonesien und Neuguinea zu nennen. Ihre Einwanderung war eine Folge des dort ablaufenden Dekolonialisierungsprozesses; insgesamt wird ihre Zahl im Zeitraum 1946 bis 1962 auf ca. 300.000 geschätzt. Die meisten dieser Einwanderer waren gemischter indonesisch-niederländischer Abstammung und hatten aufgrund ihrer niederländischen Staatsangehörigkeit das Recht, sich hier anzusiedeln. Generell waren sie sehr gut ausgebildet und stark auf die Niederlande orientiert. Ihre Integration wurde durch eine aktive Aufnahme- und Niederlassungspolitik unterstützt und fiel in einen Zeitraum, in dem die Wirtschaft und der Arbeitsmarkt expandierten (Van Amersfoort 1982).

Aufgrund der politischen Entwicklungen in Indonesien kam 1951 eine zweite Migrantengruppe in die Niederlande: molukkische Soldaten der ehemaligen kolonialen Streitkräfte und ihre Familien, insgesamt 12.500 Personen. Sie selbst und auch die niederländische Regierung betrachteten ihren Aufenthalt als nur vorübergehend, da die Soldaten und ihre Angehörigen beabsichtigen, in eine Freie Republik der Molukken zurückzukehren - die allerdings nie Realtität wurde. Die Bedingungen für ihre Eingliederung in die niederländische Gesellschaft waren gelinde gesagt ungünstig: auf der Seite der Molukken die starke Intention, wieder in ihre Heimat zurückzukehren, eine niederländische Regierungspolitik, die bestrebt war, diese Gruppe im Hinblick auf ihre spätere Rückwanderung intakt zu halten, die Entlassung aus der Armee, ein niedriger Bildungsstand und geringe Kenntnise der niederländischen Sprache (Bartels 1989). Die erwünschte Rückkehr sollte nie erfolgen, doch erst 1978, nach einer Reihe gewalttätiger Besetzungen und Flugzeugentführungen Mitte der siebziger Jahre durch desillusionierte jüngere Molukker, wurden die politischen Zielsetzungen explizit geändert (Entzinger 1985; Penninx 1979). Die Zahl der Einwanderer von den Molukken und ihrer Nachkommen wird heute auf ca. 40.000 geschätzt.

Bereits Mitte der fünfziger Jahre führte der Wiederaufbau der Niederlande in einigen Wirtschaftsbereichen zu einem Arbeitskräftemangel, und es wurden "Gastarbeiter" angeworben, die die offenen Stellen, meistens Arbeitsplätze für ungelernte oder angelernte Arbeiter, besetzen sollten: zunächst kamen Italiener, dann Spanier und Jugoslawen, später noch Türken sowie Nordafrikaner. Die Ölkrise von 1973 führte zu einem Anwerbestopp, was jedoch nicht zum Rückgang der Einwanderungszahlen führte. Die Immigration aus Italien, Spanien, Portugal, Griechenland und Jugoslawien kam allerdings zum Stillstand, und in den siebziger Jahren war die Rückwanderungsquote dieser Gruppen recht hoch. Zusammen mit einer beträchtlichen Zahl an Einbürgerungen führte dies seit Mitte der siebziger Jahre zu einem allmählichen Rückgang dieser "ausländischen Bevölkerungsgruppen". Die türkischen und marokkanischen Arbeitnehmer hingegen verhielten sich anders: Von Mitte der siebziger Jahre an brachten sie ihre Familien in die Niederlande, und seit Mitte der achtziger Jahre besteht ein zunehmender Teil dieser beiden Immigrantengruppen aus Heiratspartnern für junge Türken und Marokkaner, die in den Niederlanden leben. Im Januar 1992 war die Anzahl der Bevölkerung aus den ehemaligen Anwerbeländern auf

457.000 angestiegen, wobei Türken und Marokkaner die weitaus größten Gruppen bilden.

Die nächsten Einwanderer in die Niederlande kamen aus Surinam. Bis 1975 gehörte Surinam zum Königreich der Niederlande, und es gab keine Einwanderungsbeschränkungen. Die Einwanderung aus Surinam stieg signifikant in den Jahren vor der Unabhängigkeit (1973–1975) und dann erneut von 1979 bis 1980, kurz vor Auslauf der Übergangsvereinbarung über die Niederlassung der jeweiligen Staatsbürger. Der politische Aufruhr in Surinam im Jahre 1982 und die nachfolgende politisch instabile Situation führte zu einer erneuten Einwanderungswelle in die Niederlande, die allerdings geringer war als in den erwähnten Spitzenzeiträumen. Die Zahl der in den Niederlanden lebenden Menschen surinamesischer Herkunft beläuft sich derzeit (Stand 1. Januar 1991) auf 229.000 Personen, von denen die überwiegende Mehrheit die niederländische Staatsangehörigkeit besitzt.

Die Einwanderung von den Niederländischen Antillen wird nicht durch internationale Regelungen beeinträchtigt, da die Antillen zum Königreich der Niederlande gehören und ihre Einwohner die niederländische Staatsangehörigkeit besitzen. Die Migrationsbewegungen sind recht lebhaft; die Rückwanderung ist vergleichsweise hoch. Neueren Schätzungen zufolge beläuft sich die Anzahl der von den Niederländischen Antillen stammenden Bewohnern in den Niederlanden auf 76.000 Personen.

Zusätzlich zu den erwähnten Haupteinwanderungswellen sind immer auch Einwanderer aus anderen Ländern in die Niederlande gekommen. Die Gesamtzahl der Einwohner aus EG-Ländern stieg langsam bis auf 163.000 im Jahre 1990 (von denen 29% aus den ehemaligen Anwerbeländern stammen). Die Zahl der Einwohner aus Industriestaaten wie den USA (1990: 11.000) und Japan (1990: 4.000) stieg ebenfalls an. Die bisher noch nicht erwähnten Einwanderungszahlen von Ausländern aus der Dritten Welt sind jedoch, besonders in den letzten 15 Jahren, sehr viel stärker angestiegen. Unter diese Kategorie fallen Einwanderer chinesischer Herkunft (Schätzungen für 1988: zwischen 40.000 und 51.000) und Flüchtlinge aus Vietnam, Ghana, Äthiopien etc. Die Anzahl der Asylbewerber ist seit Mitte der achtziger Jahre sehr stark angestiegen und lag 1990 und 1991 bei jährlich mehr als 20.000 Personen.

Tabelle 1: Daten und Schätzungen ethnischer Minderheiten in den Niederlanden am 1. Januar 1992

Zwischensumme Zielgruppen	CBS–Daten und Schätzungen	Politik zu ethnischen Minderheiten
Mittelmeerraum/Anwerbeländer		
- Türkei	* 214.830 (1)	214.830
- Marokko	* 163.697 (1)	163.697
- Spanien	16.945 (1)	
- Italien	17.194 (1)	
- Jugoslawien	15.148 (1)	
- Portugal	8.659 (1)	
- Griechenland	5.235 (1)	
- Tunesien	2.576 (1)	
- Cap Verde	2.757 (1)	
Zwischensumme 7 Länder	* 68.514 (1)	68.514
Personen aus Surinam und deren Nachkommen	* 228.722 (6) (1991)	228.722
- Surinamesische Staatsbürger	21.697 (1)	
Personen von den Antillen/Aruba und deren Nachkommen	* 75.722 (6) (1991)	75.722
Personen von den Molukken und deren Nachkommen	* 40.000 (3)	40.000
Flüchtlinge	* 40.210 (4)	40.210
- Vietnam	4.787 (2)	
- Sri Lanka	2.651 (2)	
- Äthiopien	4.476 (2)	
- Ghana	6.230 (2)	
- Somalia	5.119 (2)	
- Argentinien	559 (2)	
- Chile	1.598 (2)	
- Polen	4.636 (2)	
- Ungarn	1.078 (2)	
- Rumänien	1.954 (2)	
Zigeuner		* 3.500 (5)
Nichtseßhafte		* 30.000 (5)
Gesamtzahl Personen Zielgruppe der niederländischen Minoritätenpolitik		865.195

(1) CBS (Statistisches Amt f.d. Niederlande): Nationalitätenkriterium.
(2) Die Zahlen repräsentieren die Gesamtzahl der in den Niederlanden lebenden Personen mit der entsprechenden Staatsbürgerschaft; nicht alle sind Flüchtlinge. Ein Teil der Flüchtlinge hat die niederländische Staatsbürgerschaft erhalten.
(3) Schätzungen des Innenministeriums.
(4) NIDI-Schätzungen (Gooszen 1987), einschließlich 7.483 Flüchtlinge, die in die Niederlande einreisten bzw. zwischen 1987 und 1991 anerkannt wurden.
(5) Schätzungen des Ministeriums für Wirtschaft, Gesundheit und Kultur (WVC).
(6) CBS: Nationalitätenkriterium bzw. Geburtsland, Geburtsland der Mutter.
* Zwischensumme.

Tabelle nach Muus 1992, S. 28.

Trotz der Tatsache, daß sich die Niederlande nicht als Einwanderungsland betrachteten, haben sich doch viele Einwanderer in den letzten Jahrzehnten hier niedergelassen. Insgesamt leben jetzt (Stand 1. Januar 1992) 733.000 Ausländer in den Niederlanden, das sind 4,8% der Gesamtbevölkerung. Nähme man nicht die Staatsbürgerschaft, sondern das "Geburtsland" bzw. das "Geburtsland von mindestens einem Elternteil" als Kriterium für Einwanderer und ihre Nachkommen, so ergäbe sich ein Gesamtprozentsatz von 14,9% der niederländischen Bevölkerung, die nicht niederländischer Abstammung ist (Stichtag 1.1.1990).

Nicht alle diese Gruppen wurden Gegenstand der "ethnischen Minderheitenpolitik", die 1980 eingeführt wurde. Diese Politik stellt in erster Linie auf diejenigen Gruppen ab, die sich in einer schlechten sozialen Lage befinden und gleichzeitig eine ausgeprägte eigenständige Kultur haben (die sich von der der Niederländer unterscheidet) und daher Gefahr laufen, zu ethnischen Minderheiten mit einer dauerhaft schlechten sozialen Position in der Gesellschaft zu werden: Türken, Marokkaner, Südeuropäer, Surinamesen, Antiller, Molukker, Flüchtlinge, Zigeuner und Nichtseßhafte; insgesamt etwa 865.000 Personen, von denen fast die Hälfte die niederländische Staatsbürgerschaft besitzt (5,7% der Gesamtbevölkerung der Niederlande).

2. Die Entwicklung der Einwanderungs- und Minoritätenpolitik

2.1 Politik vor 1980

Als in den siebziger Jahren die Zuwanderung aus Surinam erheblich zunahm und die Anzahl der Einwohner aus dem Mittelmeerraum aufgrund des Familiennachzuges rasch anstieg, wuchs die "Spannung zwischen Norm (daß die Niederlande kein Einwanderungsland seien) und Realität" (Entzinger 1975, S. 327). Die Politik sah die Lösung des Konflikts darin, auf die vorübergehende Verweildauer der Migranten zu verweisen, wobei die Betonung auf der erwünschten Rückkehr lag, und gleichzeitig eine aktive Rückkehrförderungspolitik zu betreiben. In bezug auf die "Gastarbeiter" wurden im niederländischen Parlament ein "Rotationsprinzip" und etwas später auch Prämien für die Rückkehrwilligen diskutiert (aber nie eingeführt).

Doch wurden die Immigranten nicht nur als Gruppen definiert, die nicht (zumindest nicht dauerhaft) zur niederländischen Gesellschaft gehörten, es wurden auch politische Maßnahmen ergriffen, die den vorübergehenden Charakter ihres Aufenthaltes betonten. Diese "Fiktion des vorübergehenden Aufenthaltes" (Entzinger 1975) war tief verwurzelt in den Einwanderungsbestimmungen, in Gesetzen und Bestimmungen zum rechtlichen Status der Einwanderer (ohne niederländische Staatsangehörigkeit) und in der Aufnahmepolitik. Das 1974 eingeführte Programm, nach dem Kinder aus dem Mittelmeerraum in ihrer jeweiligen Muttersprache unterrichtet werden sollten, zielte beispielsweise explizit darauf ab, die Wiedereingliederung dieser Kinder in die Gesellschaft ihres Heimatlandes nach der (angenommenen) Rückkehr zu erleichtern. Im allgemeinen waren die Ansätze zur Aufnahme und Integration spärlich (außer für die Gruppe der "Repatriierten"), sie verfolgten nur kurzfristige Ziele und waren, abgesehen von den allgemeinen sozialen Diensten, nur für bestimmte Einwanderungsgruppen zugeschnitten. Man könnte sagen, die Niederlande waren nicht nur ein Einwanderungsland gegen ihren Willen (Entzinger 1984, S. 67), sie waren auch ein "unwilliges Einwanderungsland" (Groenendijk 1981; Van Amersfoort, Surie 1987).

Gegen Ende der siebziger Jahre wandelte sich die Diskussion um die Einwanderer. Die Flugzeugentführungen und Besetzungen, mit denen einige Gruppen junger Molukker Mitte der siebziger Jahre die Aufmerksamkeit auf sich gezogen hatten, zeigten dramatische kurzfristige Konsequenzen; eine positive Folge davon war die Entwicklung einer neuen politischen Vision: Die Fiktion der zeitlich begrenzten Aufenthaltsdauer wurde für veraltet erklärt, und die Zukunft dieser Einwanderungsgruppe in der niederländischen Gesellschaft war zentraler Gegenstand eines neuen politischen Berichtes über die Molukker im Jahre 1978. Der Bericht "Ethnische Minderheiten" des Wissenschaftsrates für Regierungspolitik (Scientific Council for Government Policy) von 1979 gab den Anstoß, den gleichen Ansatz auch auf andere Einwanderergruppen anzuwenden. Dies führte zur Verkündung einer neuen "umfassenden Politik bezüglich der ethnischen Minderheiten" im Jahre 1980, zum Entwurf des Minderheitengesetzes 1981 und seiner endgültigen Fassung 1983.

2.2 Politik nach 1980

In dieser neuen Minderheitenpolitik wurden zwei Hauptziele formuliert. Einerseits sollte eine tolerante, multikulturelle bzw. multi-ethnische Gesellschaft geschaffen werden, in der kulturelle und ethnische Unterschiede akzeptiert und erwünscht waren. Andererseits zielte diese Politik auf die Abschaffung der sozialen Benachteiligung der Einwanderer in der niederländischen Gesellschaft und die aktive Bekämpfung der (institutionellen) Diskriminierung, die zu Chancenungleichheit führt und die Benachteiligung aufrechterhält.

Das erste Ziel erfordert per se gruppenspezifische Maßnahmen; bei der neuen Politik erfolgen diese aus der Perspektive, daß die Einwanderergruppen als Teil einer angestrebten multikulturellen niederländischen Gesellschaft grundlegende Rechte besitzen. Die wichtige Aufgabe, "die eigene Kultur und Identität zu bewahren und weiterzuentwickeln", wird den Immigrantenorganisationen selbst in die Hand gegeben. Bei der praktischen Umsetzung dieser Bewahrung und Weiterentwicklung sollten die Regierungsbehörden weitgehend Distanz wahren. Ihre Hauptaufgabe sollte vielmehr darin bestehen, Schranken zu beseitigen und Intoleranz von seiten der Gesamtgesellschaft oder bestimmter Gruppen zu bekämpfen.

Zur Realisierung dieses zweiten Zieles wird die konsequente Bekämpfung von Benachteiligung und die Förderung der Gleichberechtigung im Rahmen der Arbeitsmarkt-, Ausbildungs- und Wohnungspolitik gefordert. Schlagworte sind Zugang zu Einrichtungen und Institutionen, Gleichbehandlung und Chancengleichheit. In Regierungseinrichtungen und -institutionen wurde in den achtziger Jahren in bezug auf die Einwanderer die neue Parole der "proportionalen Beteiligung oder Teilhabe" ausgegeben.

Diese allgemeinen Ziele der neuen Minoritätenpolitik sollten in einer Reihe von Bereichen konkrete Formen annehmen: Die Verbesserung der sozialen Stellung der Einwanderer sollte sich in den Bereichen Arbeit, Einkommen, Ausbildung und Wohnung niederschlagen. Die Realisierung des Zieles einer toleranten, multi-ethnischen Gesellschaft sollte in politischen Maßnahmen zur rechtlichen und politischen Position der Einwanderer sowie in den Bereichen ihrer religiösen, kulturellen und organisatorischen Freiheit und Akzeptanz ersichtlich werden. Im folgenden werden die Hauptansatzpunkte dieser Politik einer näheren Betrachtung unterzogen.

2.2.1 Soziale Stellung

Obwohl im Minoritätengesetz (1983, S. 51ff.) zugegeben wird, daß die Stellung der Einwanderer innerhalb der **Arbeitnehmerorganisationen** ungünstig und die Arbeitslosigkeit unter Einwanderern überproportional hoch ist, werden keine umfassenden Maßnahmen zur Änderung dieser Situation vorgeschlagen. Die hohe Arbeitslosigkeit gilt als (unvermeidliche) Folge des Umstrukturierungs- und Modernisierungsprozesses in den produzierenden Sektoren, in denen die meisten Einwanderer Arbeit gefunden hatten. Die von der Regierung vorgeschlagenen Maßnahmen und Einrichtungen waren im wesentlichen auf die Arbeitnehmer bzw. auf die Verbesserung ihrer Qualifikationen und auf die Arbeitsvermittlungsstrukturen ausgerichtet. Die Arbeitgeberseite blieb außen vor. Die konkreten Maßnahmen des Minderheitengesetzes von 1983 waren:

1. Verbesserung der Leistungen der Arbeitsvermittlungsstellen für Immigranten;
2. Förderung der Teilnahme von Einwanderern bei Trainings- und (Um-)Schulungsprogrammen;
3. Durchsetzung der proportionalen Beteiligung von Immigranten bei Programmen zur "Arbeitsplatzfindung" und "Beschäftigung";
4. Beseitigung von Hindernissen für eingewanderte Kleinunternehmer und Bereitstellung von (Informations)-Dienstleistungen für diese;
5. Eröffnung von Arbeitsmöglichkeiten für Einwanderer im staatlichen Dienst durch Beseitigung formaler (rechtlicher) Hindernisse und durch das Bestreben, Minderheitengruppen im öffentlichen Dienst proportional zu berücksichtigen.

Die Maßnahmen der Regierung waren somit einseitig ausgerichtet, und es gelang nicht einmal, diese doch sehr begrenzten Ziele zu erreichen. Die Teilnahme von Immigranten an Schulungs- und Beschäftigungsprogrammen und ihre Einstellung im öffentlichen Dienst sind im Laufe der Zeit zwar leicht angestiegen, doch wurde gegen Ende der achtziger Jahre in keinem der Bereiche die angestrebte proportionale Beteiligung erzielt. Und schlimmer noch, selbst wenn diese Quoten tatsächlich erreicht worden wären, so hätte selbst dies den unverhältnismäßig hohen Anstieg der Arbeitslosigkeit bei Einwanderern in den letzten zehn Jahren bei weitem nicht kompensieren können.

Mittlerweile haben Untersuchungen belegt, daß die überproportionale Arbeitslosigkeit unter Einwanderern (überproportional auch im Vergleich zu Niederländern mit ähnlicher Bildung bzw. Ausbildung) zum großen Teil mit den Rekrutierungs- und Einstellungspraktiken der Arbeitgeber und überdurchschnittlich häufigen Entlassungen von Einwanderern zu erklären sind. 1986 fertigte die Beratungskommission für die Untersuchung der Minoritäten eine Studie über die Erfahrungen mit "affirmative action" in den USA und "positive action" in Großbritannien an und schlug eine solche aktive Bevorzugungspolitik auch für die Niederlande vor, um den Einwanderern eine "faire Chance" zu geben (Bovenkerk 1986).

Die Empfehlungen dieser Beratungskommission wurden jedoch nicht angenommen. Auf Anfrage der Regierung veröffentlichte der SER (beratender Ausschuß für Wirtschaft und Soziales; dieses Gremium umfaßt Vertreter der Arbeitgeber und der Gewerkschaften sowie von der Krone bestimmte Mitglieder) 1987 einen Bericht über die Stellung der Einwanderer auf dem Arbeitsmarkt und empfahl eine Reihe von Maßnahmen in den Bereichen Aus- und Weiterbildung sowie freiwillige gemeinsame Maßnahmen der Gewerkschaften und Arbeitgeber, lehnte allerdings jede Art von verbindlicher aktiver Bevorzugungspolitik und somit einen Eingriff in die Autonomie der Arbeitgeber ab. Die neueste Empfehlung des Wissenschaftsrats für Regierungspolitik von 1989 liegt ungefähr auf der gleichen Linie: Hier wird ein "Gesetz zur Gleichbehandlung bei der Einstellung" nach kanadischem Modell vorgeschlagen, demzufolge Arbeitgeber dazu verpflichtet wären, jährliche Angaben über die ethnische Zusammensetzung ihrer Belegschaft zu veröffentlichen, allerdings ohne rechtliche Folgen, wenn die Zusammensetzung nicht den Zielvorgaben entspräche. Sanktionen sollten vielmehr durch Aktionen der Minderheitenorganisationen und durch die Öffentlichkeit erfolgen.

Eine Folge der Empfehlungen des Wissenschaftsrates und der anschließenden Diskussionen war, daß Arbeitgeber und Gewerkschaften in diesem Bereich aktiver wurden (um verbindlicheren Regelungen und Maßnahmen seitens der Regierung zuvorzukommen). Im November 1990 trafen sie eine Vereinbarung, um gegen die beträchtliche Arbeitslosigkeit unter den ethnischen Minderheiten anzukämpfen. Es wurde eine gemeinsame Politik formuliert, die darauf abzielte, die Arbeitslosigkeit in diesen Gruppen im Zeitraum von vier bis fünf Jahren auf ein Maß zu reduzieren, das dem der vergleichbaren niederländischen Bevölkerung entsprach. Nach dieser Vereinbarung hätten dazu etwa 60.000 Arbeitsplätze für Immigranten geschaffen werden müssen. Die seit kurzer Zeit dezentralisiert organisierten regionalen Arbeitsvermittlungsstellen sollten eine wichtige Rolle bei der Aus- und Weiterbildung dieser Einwanderer und bei der Arbeitsuche für sie spielen. Einige Tage nachdem diese Vereinbarung veröffentlicht wurde, erklärte der Minister für Arbeit und Soziales, ein "Gesetz zur Gleichbehandlung bei der Einstellung", wie vom Wissenschaftsrat vorgeschlagen, sei nicht mehr realisierbar.

Anfang 1992 ergab eine erste Auswertung der gemeinsamen Bemühungen der Arbeitgeber und Gewerkschaften, daß das Programm zur Schaffung von 60.000 Arbeitsplätzen für Einwanderer noch nicht einmal angelaufen war. Dies hatte nun zwei Folgen: Arbeitgeber und Gewerkschaften erneuerten ihr Vorhaben, aber gleichzeitig starteten Politiker eine Initiative für ein "Gesetz zur Gleichbehandlung bei der Einstellung". Der Minister für Arbeit und Soziales reagierte darauf mit der Erarbeitung eines eigenen Gesetzentwurfs. Das Ergebnis ist nun, daß zur Zeit zwei verschiedenen Gesetze vorbereitet werden.

Was die **soziale Sicherheit** der Einwanderer anbelangt, so verlief die Entwicklung etwas anders. Generell läßt sich feststellen, daß hier die Immigranten den niederländischen Bürgern weitgehend gleichgestellt sind (was nicht notwendigerweise bedeutet, daß die konkrete Behandlung auch tatsächlich gleich und gerecht ist). Heute stehen die allgemeinen sozialen Absicherungssysteme wie Alters-, Witwen- und Waisenrenten, Übernahme von Kosten im Krankheitsfall, Kindergeld und Behindertenbeihilfen grundsätzlich jedem in den Niederlanden lebendem Menschen zu, unabhängig von seiner Staatsbürgerschaft. Auch bei arbeitsbezogenen Sozialleistungen (Krankengeld, Übernahme der Behandlungskosten im Krankheitsfall, Arbeitslosengeld und Behindertenbeihilfe) haben legal in den Niederlanden lebende Ausländer die gleichen Rechte und Pflichte wie niederländische Staatsbürger. Das Netz, das alle auffangen soll, bei denen die o.g. sozialen Absicherungsmechanismen nicht greifen, ist die Sozialhilfe. Anspruch darauf haben im Prinzip nur niederländische Staatsbürger, sie kann aber auch Ausländern zugestanden werden. Tatsächlich wird sie allen legal in den Niederlanden lebenden Ausländern gewährt, die Staatsangehörige eines Landes sind, mit dem ein Sozialversicherungsabkommen besteht (d.h. alle EG-Länder und die Türkei) sowie ausländischen Arbeitnehmern aus den ehemaligen Anwerbeländern. Möglich sind auch Beihilfen für legal in den Niederlanden lebende Ausländer, zu deren Heimatstaat kein solches Sozialversicherungsabkommen besteht.

Die Entwicklungen im Bereich der **Ausbildung** unterscheiden sich von denen der Arbeitsmarktpolitik. 1980 startete das Ministerium für Bildung und Wissenschaft ein bildungspolitisches Programm für "Schüler von kulturellen Minderheiten". Die beiden Ziele dieses Programms sind gleiche Bildungschancen sowie die Gleichberechtigung der Kulturen. Das erste Ziel sollte durch verstärkte Förderung des Erwerbs der niederländischen Sprache und durch Intensivierung des Kontakts zwischen den Eltern der Immigrantenkinder und der Schule erreicht werden. Für zusätzlichen Sonderunterricht in Niederländisch erhielten die Schulen Sondermittel, gestaffelt nach Anzahl der betreffenden Schüler, ihrer Aufenthaltsdauer und dem Herkunftsland. Insbesondere wurde davon ausgegangen, daß Schüler, die zuhause nicht niederländisch sprachen, in den ersten beiden Aufenthaltsjahren zusätzlichen Unterricht in Niederländisch benötigten.

Das zweite Ziel, die Gleichstellung der Kulturen, sollte mittels zweier unterschiedlicher Ansätze erreicht werden: einerseits Unterricht in der jeweiligen Muttersprache und Kultur (EMC) und andererseits interkulturelle Erziehung (IE). Der EMC-Unterricht wurde Anfang der 70er Jahre eingeführt, um eine spätere Wiedereingliederung der Schüler in die Gesellschaft ihre Herkunftlandes zu erleichtern. Im politischen Plan von 1980 wurde die Zielsetzung des Unterrichts in der jeweiligen Muttersprache in psychologische Termini gekleidet (Eldering 1989, S. 120): Förderung des Wohlbefindens und des ethnischen Bewußtseins der Kinder sowie Schutz vor Entfremdung von Eltern und Familie, Stärkung ihrer Identität etc. Dies soll (indirekt) zur Leistungssteigerung beitragen; ob dieses Ziel jedoch erreicht wird, ist in Fachkreisen nach wie vor umstritten.

Der Gedanke, der hinter der interkulturellen Erziehung steht, ist jedoch ein völlig anderer. Es wird angestrebt, sowohl die Kinder von Angehörigen ethnischer Minderheiten als auch die der niederländischen Mehrheit darauf vorzubereiten, gemeinsam und harmonisch in einer multikulturellen Gesellschaftsstruktur wie den Niederlanden zu leben. Es hat sich allerdings als schwierig herausgestellt, ein solches Ziel in die konkrete Unterrichtspraxis umzusetzen. Einige Lehrer sind der Meinung, interkulturelle Erziehung solle sich hauptsächlich darauf konzentrieren, Vorurteile und Diskriminierung zu bekämpfen; in der Praxis geht es jedoch meist um Folklore und die Geschichte der jeweiligen Herkunftsländer.

Seit 1985 sind all diese Sondereinrichtungen für Immigrantenkinder in einem breiteren Rahmenplan zusammengefaßt, demzufolge die Bildungspolitik Vorrang hat. Grundgedanke hierbei ist, daß die schulspezifischen Probleme niederländischer Kinder aus der Unterschicht denen der Immigrantenkinder weitgehend ähnlich sind und im Rahmen des gleichen politischen Ansatzes angegangen werden können. Vorrang (d.h. zusätzliche Mittel) erhalten Schulen und Gebiete mit einem hohen Prozentsatz an Unterschicht- und Immigrantenkindern. Eine systematische Auswertung dieses neuen Ansatzes liegt bislang noch nicht vor.

Obwohl die Regierung im Bereich der Bildung wesentlich weitreichender intervenierte als in dem der Arbeit (mehr als die Hälfte aller Fonds für Minderheitenpolitik sind für schulische Einrichtungen vorgesehen), sind die Nachteile von Einwanderern und ihren Kindern im bildungspolitischen Bereich nach wie vor beträchtlich.

Im Bereich der **Wohnungspolitik** haben sich im Laufe der Zeit zwei unterschiedliche Ansätze herausgebildet. Erstens wurde ein bestimmter Teil des sozialen Wohnungsbaus von der Zentralregierung für Einwanderer reserviert und ihnen zugeteilt: in den sechziger Jahren den Molukkern, zwischen 1975 und 1980 den Immigranten aus Surinam und den Antillen, und in den achtziger Jahren anerkannten Flüchtlingen. Arbeitnehmer aus dem Mittelmeerraum und ihre Angehörigen konnten von solchen Regelungen nicht profitieren.

Der zweite politische Ansatz, der seit Beginn der achtziger Jahre verfolgt wurde, bestand darin, den Markt für Mietshäuser und -wohnungen zu öffnen, so daß Einwanderer genauso Zugang dazu hatten wie niederländische Bewerber. Die Regelungen bezüglich Bewerbungsmöglichkeiten, Dringlichkeit und Verteilung wurden in bezug auf Immigranten "neutralisiert", diskriminierende Regelungen wurden gesetzlich für ungültig erklärt. Diese Politik war besonders dort erfolgreich, wo Gemeinden und Wohnungsbaugesellschaften Eigentümer sind (was in den großen Städten der Niederlande weitaus häufiger der Fall ist als in vergleichbaren Städten anderer Länder), doch auch hier sind die Benachteiligungen nicht ganz verschwunden.

2.2.2 Rechtlicher Status

Der Status 'Ausländer' kann in einem Nationalstaat wichtige Folgen für die Position eines Einwanderers haben. Der erste Aspekt der Staatszugehörigkeit bezieht sich auf die Absicherung des Aufenthalts. In dieser Hinsicht wurde seit Beginn der achtziger Jahre eine konsequente Politik verfolgt. Wer einmal legal in die Niederlande eingereist ist, kann nach fünfjährigem ununterbrochenen Aufenthalt eine unbefristete Aufenthaltserlaubnis erhalten. Wer als Familienangehöriger legal eingewanderter Immigranten nachzieht, kann nach drei Jahren eine unbefristete Aufenthaltserlaubnis erhalten. Der Widerruf oder Entzug der Aufenthaltserlaubnis mit nachfolgender Ausweisung ist nur unter sehr außergewöhnlichen Umständen wie z.B. bei langjährigen Haftstrafen möglich. Langfristige Arbeitslosigkeit und Abhängigkeit von Sozialhilfe genügen nicht als Grundlage für den Entzug. Von der ersten Generation der türkischen und marokkanischen Einwanderer haben etwa 85% eine unbefristete Aufenthaltserlaubnis. Die meisten nachgezogenen Familienmitglieder genießen das gleiche Aufenthaltsrecht.

Der zweite Aspekt bezieht sich auf die Gleichbehandlung legaler Einwanderer und niederländischer Staatsbürger. In diesem Bereich wurde eine Auflistung von Artikeln und Bestimmungen der niederländischen Gesetzgebung mit diskriminierenden Formulierungen bezüglich Nationalität, Religion, Kultur und Sprache vorgenommen (Beune, Hessels 1983). Danach wurden viele dieser Bestimmungen geändert. In dieser Hinsicht hat sich die neue Minoritätenpolitik als erfolgreich erwiesen (Groenendijk 1987, S. 7). Dennoch wird in regelmäßigen Abständen der Ruf nach einem "Gesetz zur Gleichbehandlung von Einwanderern" laut (Groenendijk 1987; Wissenschaftsrat 1989). Ein solches Gesetz sollte dafür sorgen, daß der rechtliche Status derjenigen Ausländer, die seit mindestens fünf Jahren legal in den Niederlanden leben, dem der niederländischen Staatsbürger entspricht. Dieser Vorschlag ist jedoch (noch) nicht angenommen worden.

Ein dritter Weg zur Verbesserung der rechtlichen Position von Ausländern (und insbesondere ihrer Kinder) war die Änderung des Gesetzes zur niederländischen Staatsbürgerschaft und zu den Verfahren der Einbürgerung. Im Januar 1985 wurde ein neues Gesetz verabschiedet. Die wichtigsten Änderungen waren

- daß nicht nur die Kinder von männlichen niederländischen Staatsbürgern, sondern auch von weiblichen niederländischen Staatsbürgern von Geburt an niederländische Staatsbürger sind,
- daß sowohl weibliche wie männliche nicht-niederländische Ehegatten niederländischer Staatsbürger besondere Rechte zur Beantragung der niederländischen Staatsbürgerschaft erhalten, und
- daß Kinder der dritten Generation (deren Eltern bereits in den Niederlanden geboren sind) automatisch die niederländische Staatsbürgerschaft erhalten.

Weiterhin wurde die Möglichkeit geschaffen, daß ein in den Niederlanden geborener Ausländer für die niederländische Staatsbürgerschaft optieren kann, wenn er in den Niederlanden geboren und volljährig ist (18 Jahre) und ständig in den Niederlanden gelebt hat. Solche Ausländer müssen einen "Antrag auf die niederländische Staatsbürgerschaft" stellen, ehe sie 25 Jahre alt sind. Eine zeitlich begrenzte Regelung sah weiterhin vor, daß vor dem 1.1.1985 geborene nicht-niederländische Kinder niederländischer Mütter die niederländische Staatsbürgerschaft erhalten konnten, wenn sie am 1.1.1985 unter 21 Jahre alt waren. Diese Regelung lief zum 1.1.1988 aus. Eine weitere wichtige Verfahrensänderung war, daß die Einbürgerung der Königlichen Entscheidung unterlag (und nicht länger der gesetzlichen). Überdies hat die Regierung unlängst ihre Politik zur doppelten Staatsbürgerschaft geändert: Vorher mußte man bei der Einbürgerung auf seine bisherige Staatsbürgerschaft verzichten, heute wird diese Forderung in vielen Fällen fallengelassen. Diese Veränderungen haben zu einem starken Anstieg der Einbürgerungen geführt. Seit 1985 hat sich der Anteil der Ausländer, die die niederländische Staatsbürgerschaft beantragen, verdoppelt.

Viertens dürfen ausländische Einwanderer insofern bei der politischen Willensbildung mitwirken, als sie, wenn sie seit mehr als drei Jahren legal ihren Wohnsitz in den Niederlanden haben, seit 1986 das kommunale Wahlrecht besitzen; dies wurde 1986 eingeführt. Davor konnten Ausländer mit festem Wohnsitz an Wahlen für Bezirksräte teilnehmen;

dies wurde Anfang der achtziger Jahre in den großen Städten wie Amsterdam und Rotterdam eingeführt.

Die Bekämpfung von Diskriminierung war schließlich ein weiteres wichtiges Element der neuen Minoritätenpolitik. Zunächst wurde eine Reihe von Gesetzesänderungen verabschiedet, durch die das Prinzip der Nicht-Diskriminierung in den niederländischen Gesetzen verankert und größere Möglichkeiten eröffnet wurden, juristisch gegen diskriminierende Personen und Organisationen vorzugehen. In Artikel 1 der Verfassung wurde ein neuer Antidiskriminierungspassus aufgenommen, der u.a. die Diskriminierung wegen Rasse und Religion verbietet. Einige Artikel des Strafgesetzes wurden so geändert, daß sie die Verfolgung diskriminierender Praktiken erleichtern. Weiterhin haben sich in den letzten Jahren einige Bestimmungen des Bürgerlichen Gesetzbuches bei der Bekämpfung diskriminierender Praktiken als sehr nützlich erwiesen.

Zweitens wurde es als notwendig erachtet, die juristischen Verfahrensweisen für solche Beschwerden zu vereinfachen. Polizei und Staatsanwaltschaft wurden angewiesen, verstärkt gegen Fälle von Diskriminierung vorzugehen, und die Regierung unterstützte ein privates Nationales Büro zur Bekämpfung von Rassismus. Dieses Büro arbeitet mit örtlichen antirassistischen und Dienstleistungsorganisationen zusammen.

Ein dritter Weg zur Bekämpfung von Vorurteilen besteht darin, Informationen weiterzugeben, Schulungskurse für staatliche und öffentliche Bedienstete in allen Positionen durchzuführen, private Initiativen in diesem Bereich zu fördern und Einrichtungen für interkulturelle Erziehung an Schulen einzuführen.

Natürlich können diese Maßnahmen nicht alle Vorfälle oder auch nur bestimmte Formen institutionalisierter Diskriminierung verhindern, es ist jedoch festzustellen, daß sie dazu beigetragen haben, daß der Grundsatz der Gleichbehandlung und Antidiskriminierung fest im öffentlichen Leben der Niederlande verankert ist (was nicht notwendigerweise bedeutet, daß er auch fest in der Einstellung der einzelnen Bürger verankert wäre).

2.2.3 Kultur, Religion, Sprache und ethnische Organisationen

Ziel des Minderheitengesetzes (1983, S. 107ff.) ist eine multikulturelle und pluralistische Gesellschaft, in der Einwanderer die gleichen Rechte und Möglichkeiten zur Ausübung und Entfaltung ihrer kulturellen und religiösen Identität haben wie andere Gruppen in der niederländischen Gesellschaft. Den Einwanderern soll genügend Raum gegeben werden, ihre Identität zu entfalten, und die niederländische Gesellschaft und ihre staatlichen Organe sollten offen sein für diese Entwicklungen und sich an die Situation einer multikulturellen Gesellschaft anpassen.

Was das Recht auf Bewahrung und Ausübung von Kultur, Religion und Sprache sowie das Recht, sich als Gruppe zu organisieren angeht, so sehen sich Einwanderer nicht allzuvielen Problemen gegenübergestellt. Die religiös "versäulte" und segmentierte niederländische Gesellschaft erkennt schon seit langem solche Grundrechte an, vorausgesetzt, die kulturellen oder religiösen Normen der Einwanderer, ihre Werte und Praktiken widersprechen nicht den "Grundprinzipien unserer pluralen Gesellschaft" (Minoritätengesetz 1983, S. 107ff.). Die bestehenden Einrichtungen sind für Neuankömmlinge gleichermaßen zugänglich wie für festeingesessene niederländische (religiöse, kulturelle oder sprachliche) Gruppen.

Was die konkreten Möglichkeiten betrifft, so mußten die Politiker erkennen, daß Neuankömmlinge aufgrund ihrer geringen Zahl, ihrer niedrigen sozialen Stellung, ihres niedrigen Bildungsstandes und ihres geringen Organisationsgrades von ihren Rechten nicht im gleichen Maße Gebrauch machen konnten. Aus diesen Gründen wurden zu einer Reihe von Punkten bestimmte Maßnahmen ausgearbeitet:

- Stärkung der (ethnischen) Organisierung der Einwanderer. Da organisatorische Aktivitäten in den Bereichen Entwicklung der kulturellen Identität und Kontaktförderung zwischen Einwanderern und der Mehrheit der Gesellschaft begrüßt werden, konnte hier finanzielle Unterstützung gegeben werden. Oberste Priorität erhielten Aktivitäten auf lokaler Ebene, die vom Ministerium für Wirtschaft, Gesundheit und Kultur über die die Gemeindebehörden unterstützt werden. Auch eine begrenzte Anzahl der auf nationaler Ebene operierenden Schirmorganisationen von Einwanderern erhalten Subventionen (de Graaf u.a. 1988).

- Förderung der Teilnahme von Immigrantenorganisationen in der Politik. Das Ministerium für Wirtschaft, Gesundheit und Kultur forderte, daß die lokalen Fürsorgeprogramme auf Gemeindeebene in Absprache mit Vertretern der Einwanderer durchgeführt werden. Auf nationaler Ebene ist bei allen wichtigen politischen Entscheidungen der niederländischen Regierung der Nationale Beratungsausschuß (Landelijk Overleg en Inspraakorgaan) zu konsultieren, der für jede Immigrantengruppe einen Unterausschuß hat. Dieser Ausschuß tagt zweimal jährlich mit dem koordinierenden Minister für Minoriätenpolitik.

- Einrichtungen für die religiösen Aktivitäten der Immigranten. Für neue Religionen wie Islam, Hinduismus und Buddhismus wurden Einrichtungen wie Gebetshäuser teilweise finanziert. Diese Subventionen wurden jedoch seit 1986 eingeschränkt. Das laizistische Argument der Trennung von Kirche und Staat war stärker als das der Gleichheit für alle und der gesellschaftlichen Säulenfunktion der Organisationen.

- Anpassung der Gesetze und Bestimmungen, um religiöse Praktiken zu ermöglichen. Es wurden Bestimmungen für ritualisierte Schlachtungen und Beerdigungen nach hinduistischem und islamischem Ritus geschaffen. Der öffentliche Aufruf zum Gebet durch den Imam wird auf der gleichen Grundlage akzeptiert wie das Läuten der christlichen Kirchenglocken. In naher Zukunft wird es auch im Gefängnis und der Armee religiöse Amtsträger geben. Ebenso werden möglicherweise an den staatlichen Schulen entsprechende Religionslehrer eingestellt. Gefangene und Soldaten haben das Recht, nach ihren religiösen Vorschriften zu leben.

- Erleichterung von Fernseh- und Rundfunksendungen von und für Immigranten. Erstens wurde die Zahl der eigens für Einwanderer hergestellten Programme der Nationalen Rundfunkanstalt (NOS) erhöht. Zweitens haben sich eine Reihe von Experimenten regionaler Stationen von und für Einwanderer vor allem in größeren Gemeinden entwickelt. Drittens wurde eine Islamische Rundfunkgesellschaft genehmigt, die den in den Niederlanden geltenden Gesetzen unterliegt. Seit 1986 werden ihre Programme auf einem der drei staatlichen Sender gesendet.

- Förderung der darstellenden Künste. Die nichtprofessionelle künstlerische Tätigkeit wird im Rahmen der Fürsorgeprogramme der einzelnen Gemeinden gefördert. Für professionell tätige eingewanderte Künstler wurden (zeitweise) Fonds eingerichtet, um die darstellende Kunst zu fördern. Diese Budgets sind in jüngster Zeit wieder gekürzt worden, und die Immigranten sollen auf die regulären Einrichtungen in diesem Bereich zurückgreifen, wie sie auch für niederländische Künstler vorhanden sind.

- Einrichtungen zum Unterricht der Herkunftssprachen. Der Unterricht der Muttersprache und der Kultur des Herkunftslandes ist eine feste Einrichtung geworden und ins Curriculum der Grundschulen aufgenommen. Wenn sich genügend Schüler dafür melden, können fünf Wochenstunden erteilt werden, zur Hälfte innerhalb der regulären Schulzeit, zur Hälfte außerhalb (Driessen u.a. 1988).

- Beginn der interkulturellen Erziehung. Dieser Unterricht sollte (theoretisch) in allen Grundschulen erteilt werden, damit die Kinder von Angehörigen ethnischer/kultureller Minderheiten und die der niederländischen Mehrheit lernen, harmonisch in einer multikulturellen Gesellschaft miteinander zu leben. In der Praxis jedoch bringt die konkrete Umsetzung dieses Ansatzes viele Probleme mit sich (Fase, van den Berg 1985).

Nicht alle diese Einrichtungen sind überall vorhanden, je nach dem politischen Ansatz und den Möglichkeiten der jeweiligen örtlichen Ämter und Organisationen. Sie sind aber offiziell anerkannt und können von den Einwanderern eingefordert werden.

3. Ideologische Konzepte und Argumente hinter der Einwanderungs- und Minoritätenpolitik

Wie sind diese Entwicklungen und die recht eigenartigen, bisweilen widersprüchlichen politischen Ansätze und Maßnahmen zu verstehen? Beim Versuch, die niederländische Situation zu erklären, möchte ich die Argumente, die hinter der Einwanderungs- und Minoritätenpolitik stehen, aufzeigen und auf institutionelle und gesetzliche Strukturen der niederländischen Gesellschaft eingehen, in denen sich solche Argumente und "ideologischen Perspektiven" wiederfinden. Meiner Meinung nach lassen sich die meisten Diskussionen und Argumente unter drei verschiedene "ideologische Perspektiven" einordnen: erstens die Ideologie des Nationalstaates, zweitens die der "Versäulung" der niederländischen Gesellschaft und schließlich die des "fürsorglichen Wohlfahrtsstaates". Die Bedeutung der einzelnen Aspekte hat sich im Laufe der Zeit gewandelt und variiert je nach politischem Bereich. Oft widersprechen diese ideologischen Ansätze (und die institutionellen und rechtlichen Strukturen, in die sie eingebettet sind) einander, und die Politiker müssen zwischen zwei rivalisierenden Argumenten wählen.

3.1 Die Ideologie des Nationalstaats

Im 17. und 18. Jahrhundert waren die Niederlande eine recht lose Einheit dezentralisierter Städte und Provinzen. Die in Westeuropa im 19. und 20. Jahrhundert aufkommende Ideologie des Nationalstaats, deren Grundgedanke die Einheit eines Volkes war, das innerhalb eines bestimmten Territoriums mit gemeinsamen Vorfahren und idealerweise auch einer gemeinsame Sprache, Kultur und Religion lebte, hatte auch für die Niederlande Folgen. Das Königreich der Niederlande (seit 1815) entwickelte im Lauf der Zeit rechtlich und politisch eine nationalstaatliche Struktur auf einem festen Territorium, doch schien dieser "Entstehungsprozeß einer Nation" anders zu verlaufen als in Deutschland oder Frankreich. Die ideologische Forderung nach der Einheit von Sprache, Kultur und Religion war problematisch. Schlimmer noch: Die Entstehung des Nationalstaates ging, zumindest teilweise, Hand in Hand mit der Emanzipierung verschiedener religiöser Gruppen in den Niederlanden, die in der Versäulung der niederländischen Gesellschaft gipfelte (dazu später mehr). Meiner Meinung nach läßt sich die These aufstellen, daß in den Niederlanden zwar die meisten Eigenschaften eines Nationalstaates vorhanden sind, daß aber die ideologische Rechtfertigung durch die Behauptung, das niederländische Volk habe eine einheitliche und homogene Sprache und Kultur weit weniger stark ausgeprägt war als in anderen Ländern. Der niederländische "Nationalismus" scheint nicht sonderlich stark ausgeprägt zu sein, wie viele ausländische Beobachter bestätigen.

Dennoch war und ist die nationalstaatliche Ideologie als Phänomen der internationalen politischen Beziehungen ein wichtiger Faktor für die Einwanderungs- und Minoritätenpolitik. In erster Linie manifestiert sich dies im Recht eines Staates, über Zulassung und Ausweisung von Fremden zu entscheiden. Wie alle westeuropäischen Staaten haben auch die Niederlande ein System entwickelt, mit dem sie die Einreise von Ausländern kontrollieren, insbesondere seit Ende der sechziger Jahre.

In diesem Sinne werden bei Forderungen nach weiteren restriktiven Maßnahmen zur Begrenzung der Einwanderung und zur Verhinderung illegaler Einwanderung immer wieder nationalstaatliche Argumente angeführt. Seit der ersten Ölkrise im Jahr 1973 herrscht weitgehender Konsens darüber, daß der Einlaß von Wirtschaftsmigranten so restriktiv wie möglich gehandhabt werden müsse. Die Einwanderungsmöglichkeit aus humanitären Gründen (Familiennachzug und Flüchtlinge) wurde grundsätzlich zwar nie in Frage gestellt, aber viele Diskussionen drehten sich um die Obergrenze, insbesondere dann, wenn diese Zulassungskategorie zu nicht vorhergesehenen beträchtlichen Einwanderungswellen führte. Die Einwanderung aufgrund von Familiennachzug oder -gründung war im letzten Jahrzehnt häufig Gegenstand von Diskussionen, doch ist die diesbezügliche Politik heute im Vergleich zu anderen Ländern sehr großzügig einzuschätzen.

Für legal eingereiste Einwanderer weicht diese nationalstaatliche Ideologie in den Niederlanden jedoch häufig einer rivalisierenden Ideologie, nämlich der des "fürsorglichen Wohlfahrtsstaates". Je länger die Aufenthaltsdauer, desto stärker weicht die Vorstellung vom Einwanderer als einem Fremden, der nicht zur niederländischen Gesellschaft dazugehört, der Auffassung, in einem fürsorglichen Wohlfahrtsstaat solle jeder Einwohner gleiche Rechte, gleiche Möglichkeiten und gleichen Zugang zu den Einrichtungen dieses Wohlfahrtsstaates haben. In den 12 Jahren der Minoritätenpolitik wurde ein Instrumentarium entwickelt, das darauf abzielt, den rechtlichen Status legaler Einwanderer zu stärken (einschließlich des Rechtes, Familienmitglieder und Ehepartner aus dem Ausland mitzubringen oder nachzuholen), und gleiche Möglichkeiten und gleichen Zugang zu den Einrichtungen zu garantieren. (Die Tatsache, daß diese Maßnahmen nicht immer erfolgreich waren, ist ein Thema für sich.)

Paradebeispiele für die Dominanz der Ideologie des "Bürgers eines Wohlfahrtsstates" über die des "Ausländers im Nationalstaat" sind die neuen Bestimmungen zum kommunalen Wahlrecht von seit mehr als drei Jahren legal hier lebenden Ausländern (1986) und das neue Gesetz zur niederländischen Staatsbürgerschaft (1985), bei dem das ius sanguinis teilweise durch das ius soli ersetzt wurde.

Obwohl die angeführten Beispiele darauf hindeuten, daß die nationalstaatliche Ideologie nicht sehr tief in der niederländischen Gesellschaft und Politik verankert ist, sind doch Gegentendenzen zu beobachten. Die Anwesenheit einer beträchtlichen Anzahl von Einwanderern hat zur politischen Mobilisierung des "Nationalismus" und einwandererfeindlicher Gefühle durch eine Reihe von kleinen Parteien geführt. Teilweise waren diese Bestrebungen erfolgreich: vor allem in größeren Städten wurden einige Mitglieder dieser Parteien in den Stadtrat gewählt. Doch scheint sich die Annahme, diese Parteien könnten nennenswerten Einfluß erlangen, weil sie die großen Parteien dazu zwingen würden, zur Rückgewinnung der verlorenen Wählerstimmen ebenfalls rassistische Elemente in ihre Politik aufzunehmen, für die Niederlande nicht zu bestätigen. Im Gegenteil, der relative Erfolg dieser Parteien (besonders 1983) hat zur Bildung einer gemeinsamen Front aller anderer Parteien gegen ausländerfeindliche Parteien und zu deutlichen Stellungnahmen bezüglich der (legal hier lebenden) Immigranten und der Minoritätenpolitik geführt. In der derzeitigen Situation mit den "nationalen Debatten über die Minoritätenpolitik, Immigration und illegale Einwanderer" scheint diese gemeinsame Front aufzubrechen, und die weitere Entwicklung ist ungewiß. In einem europaweit zunehmend kälter werdenden Klima für Ausländer und Asylsuchende scheinen ausländerfeindliche Parteien auch in den Niederlanden stärker geworden zu sein, zumindest in Meinungsumfragen.

3.2 Versäulung, Laizismus und der fürsorgliche Wohlfahrtsstaat

Die Niederlande waren niemals eine kulturell homogene Gesellschaft. Vier Jahrhunderte lang währende massive Einwanderungswellen (Lucassen, Penninx 1985) haben die Struktur und Kultur der niederländischen Gesellschaft entscheidend mitgeprägt. Doch auch abgesehen von der Zuwanderung finden sich beträchtliche kulturelle Unterschiede in der niederländischen Gesellschaft, zum Beispiel in bezug auf Religion und soziale Schicht, überdies gibt es regionale Eigenheiten sowie Unterschiede zwischen städtischer und ländlicher Bevölkerung.

Von diesen unterschiedlichen Ursprüngen der kulturellen Vielfalt ist die Religion immer der dominierende Faktor gewesen. Im letzten Jahrhundert hat sich eine plurale Gesellschaft entwickelt, in der verschiedene "Säulen" errichtet wurden (Lijphart 1968). Katholiken und Protestanten haben ihre organisatorischen Netzwerke in allen Bereichen des öffentlichen Lebens aufgebaut, und die nichtreligiösen Segmente der Gesellschaft, wie die Liberalen und Sozialisten, waren gezwungen, sich mehr oder weniger auf die gleiche Weise zu organisieren. Eine solche segmentierte Gesellschaft wurde von den Eliten der einzelnen Säulen geleitet, die die staatliche Politik in Form von Koalitionsregierungen betrieben, (dies mußte notwendigerweise geschehen, da keine der Säulen über die Mehrheit in der niederländischen Gesellschaft verfügte.) Gesetze und Bestimmungen wurden entwickelt, nach denen staatliche Mittel und Einrichtungen über diese Säulen verteilt wurden, und die Umsetzung der Politik geschah über die Organisationen der einzelnen Säulen. Dies betraf nicht nur die Bereiche Schulen, soziale Einrichtungen, Medien etc., sondern auch die Wirtschaft, wo sowohl Arbeitnehmer als auch Arbeitgeber weitgehend nach ihrer Konfession organisiert waren.

Diese typische Konstruktion einer "versäulten" Gesellschaft war in den fünfziger und zu Anfang der sechziger Jahre noch voll funktionsfähig.

Dann sank jedoch die Zahl der Kirchenmitglieder rapide. Und viele, die sich noch immer als Katholiken oder Protestanten definieren, sehen nicht mehr unbedingt die Notwendigkeit, sich ausschließlich in dieser Säulenstruktur angehörenden Organisationen zu engagieren. Kurzum, die Dekonfessionalisierung hat die soziologische Basis des Säulensystems geschwächt.

Im institutionellen Bereich waren die Veränderungen jedoch sehr viel geringfügiger. Viele der in das Säulensystem integrierten Organisationen existieren auch heute noch, ebenso wie Gesetze und Bestimmungen, die Mittel und Einrichtungen nach dem alten System verteilen. In Bereichen wie Schule, Wohnungs- und Sozialpolitik, Gesundheit und Medien sind die wichtigen versäulten Machtzentren erhalten geblieben, obwohl sie jetzt offener sind als früher und auch Klienten anderer, nichtkonfessioneller Gruppen bedienen. Im politischen und sozio-ökonomischen Bereich haben sich die verschiedenen religiösen Säulen neu organisiert, und zwar in allgemeinen Organisationen wie z.B. der Christlich-Demokratischen Partei, dem Christlichen Nationalen Gewerkschaftsverband und dem Verband Christlicher Arbeitgeber.

Im gleichen Zeitraum fand die Entwicklung des Wohlfahrtsstaates statt. In diesem Wohlfahrtstaat sind jedoch die meisten der neuentwickelten Einrichtungen, Rechte und Pflichten zwischen dem Staat und einzelnen Bewohnern, unabhängig von deren Zugehörigkeit zu einer bestimmten Säule, definiert. Dies gilt besonders für das ausgebaute soziale Absicherungssystem, das Herzstück des gegenwärtigen Wohlfahrtsstaates. Generell hat die Individualisierung maßgeblich zur Gestaltung der modernen niederländischen Gesellschaft beigetragen, und dies größtenteils auf Kosten der Bedeutung der von einzelnen Gruppen getragenen Säulen.

Diese Entwicklungen haben zu einer ambivalenten Haltung bezüglich Kultur und Religion von Immigranten beigetragen. Einerseits zeigt die niederländische Gesellschaft großen Respekt vor Kultur, Religion und Sprache der Einwanderer. Andererseits hegt ein Teil der säkularisierten und individualisierten Bevölkerung der niederländischen Gesellschaft einen deutlichen Widerwillen gegen die Organisation von Religion und Kultur dieser Immigrantengruppen in stark "versäulten" Formen. Die Integration und Emanzipation dieser Immigrantengruppen über die alten versäulten Formen wird oft als "Strategie der Vergangenheit und kontraproduktiv" bezeichnet.

Ein Blick zurück auf die Geschichte der Migrationsbewegungen und die Entstehung von Gemeinschaften der Einwanderer zeigt eine Entwicklung, die dem allgemeinen Trend zur Säkularisierung und Individualisierung der niederländischen Gesellschaft entgegensteht. Als sich die Aufenthaltsdauer eines Teils der ausländischen Arbeitnehmer verlängerte und viele von ihnen in den siebziger Jahren ihre Familien nachkommen ließen, begannen sie mit dem (Wieder)aufbau ihrer eigenen Gemeinschaftsstrukturen, Institutionen und Organisationen. Mit anderen Worten: Während sich die soziologische Basis des versäulten niederländischen Systems merklich verschlechterte, wurde diese Basis für die moslemischen Gruppen der Türken und Marokkaner gestärkt.

Diese gegenläufigen Entwicklungen in der niederländischen Gesellschaft und den Gemeinschaften der Einwanderer hatten auf institutioneller Ebene eigenartige Folgen. 1983 wurde die niederländische Verfassung gründlich revidiert. In Artikel 1 wurde das Prinzip der Gleichberechtigung hervorgehoben, und in Artikel 6 ausdrücklich gleicher Schutz der Religionen zugesichert. Dies hat zweierlei Folgen für Moslems und Hindus. Auf politischer und juristischer Ebene können sie sich jetzt nachdrücklicher auf das Prinzip der Gleichheit berufen. Die Regierung kann den islamischen Bürgern schwerlich ein Recht vorenthalten, das sie anderen bewilligt. Islamische Schulen können so auf der gleichen Grundlage wie katholische oder protestantische Schulen eingerichtet werden. Im gleichen Sinn entschied das Parlament 1987, daß der Ruf zum Gebet von einer Moschee dem Läuten von Kirchenglocken gleichzustellen sei. Und 1989 erklärte der Innenminister, daß das Verbot der Blasphemie, welche als strafbare Handlung geahndet wird, ebenso für blasphemische Äußerungen gegen eine islamische Gottheit gelte. 1988 entschied die Regierung, bei den Streitkräften, im Gefängnis und verschiedenen anderen Einrichtungen müsse auch für Moslems die Möglichkeit geistlichen Beistands bereitgestellt werden. Kurzum, islamische und hinduistische Organisationen stehen nicht allein da, sondern befinden sich heute oft ideologisch, politisch und rechtlich in der gleichen Lage wie beispielsweise jüdische oder humanistische Organisationen, da die Regierung verpflichtet ist, alle religiösen und ideologischen Gruppen gleich zu behandeln. Dadurch wird ihre Verhandlungsposition gestärkt. Darüber hinaus werden so die angeblichen Besonderheiten des Islam oder des Hinduismus weniger stark in den Vordergrund gerückt.

Abgesehen von diesen besonderen Folgen der Trennung von Kirche und Staat wurde die Minoritätenpolitik so umgesetzt, daß das Ziel der "Integration" von "ethnischen Minderheiten" in die niederländische Gesellschaft auch die Integration bestimmter religiöser Aspekte beinhaltete. Einerseits zielten eine Reihe von Einrichtungen explizit darauf ab, den Immigranten ihre religiösen Praktiken zu erleichtern (siehe Absatz 2.2), andererseits erkannte man im Laufe der Zeit, daß zur Umsetzung dieser Politik die Kooperation der Immigrantenorganisationen erforderlich war: Im Falle der Türken und Marokkaner waren dies auch religiöse Organisationen, denn sie hatten die breiteste Basis in der jeweiligen Bevölkerungsgruppe. Deshalb nahm die Regierung seit Mitte der achtziger Jahre Beziehungen zu diesen Organisationen auf, was einer De-facto-Anerkennung gleichkommt. Auf kommunaler Ebene waren die Reaktionen unterschiedlich: teilweise gibt es enge Beziehungen zu islamischen Organisationen (wie in Rotterdam), teilweise ist man zögerlich, sie bei der Erarbeitung und Umsetzung der örtlichen Minoritätenpolitik als Partner anzuerkennen.

In den letzten zehn Jahren ist die durch die Immigrantengruppen bewahrte kulturelle und religiöse Vielfalt immer deutlicher geworden. Etwa 300 Moscheen wurden errichtet, über 20 islamische und 3 hinduistische Schulen (1992) wurden von der Regierung finanziert, und eine Reihe von weiteren Anträgen liegen vor; an staatlichen Schulen ist islamischer Religionsunterricht möglich, eine islamische Rundfunkgesellschaft wurde 1985 gegründet; es gibt Einrichtungen für rituelle Schlachtungen; ebenso sind Beerdigungen nach islamischer Tradition möglich, usw. Doch auch in den Bereichen, in denen der Aufbau eigener Institutionen privaten Initiativen überlassen wird, haben sich vielfältige Strukturen herausgebildet: So gibt es in Städten mit umfangreichen Immigrantengruppen viele Helal-Metzgereien, exotische Läden, Restaurants, Reisebüros und Kaffeehäuser.

Diese deutlich sichtbare Existenz neuer Kulturen und Religionen hat zu Spannungen im öffentlichen Leben geführt. Die niederländische Bevölkerung leistete zum Teil aktiven Widerstand gegen die Errichtung von

Moscheen und islamischen Schulen. Es wurde diskutiert, ob bestimmte Normen und Werte, die entweder gesetzlich festgeschrieben oder ohne gesetzliche Verankerung von der Mehrheit der niederländischen Gesellschaft geteilt werden, nicht mit Normen, Werten und Praktiken kollidieren, die für (einen Teil) der Immigranten Geltung haben. Ein solches Thema ist die Rolle und Stellung der Frau, besonders wenn es um die Ausbildungsmöglichkeiten von Mädchen geht. Die Affäre um Salman Rushdies Buch "Die satanischen Verse" und die Reaktionen darauf führten ebenso wie die Diskussion um den Schleier zu erregten Debatten. Im allgemeinen scheinen jedoch solche Spannungen und Diskussionen in den Niederlanden nicht ganz so heftig zu sein wie in den Nachbarländern, und in den meisten konkreten Fällen werden Kompromisse gefunden.

4. Schlußfolgerung

Zusammenfassend läßt sich sagen, daß die nationalstaatliche Ideologie noch immer voll zum Tragen kommt, wenn sich die Diskussion um die Einwanderungspolitik und Aufnahme von Ausländern dreht. Doch hat sie seit der Einführung der neuen Minderheitenpolitik von 1980 an Kraft verloren, wenn es um die Stellung von Einwanderern geht, die sich bereits im Land befinden. In der Tat hat sich die rechtliche Stellung von Einwanderern, die seit mehr als fünf Jahren ihren legalen Wohnsitz in den Niederlanden haben, so sehr verbessert, daß die von der nationalstaatlichen Ideologie herrührenden Argumente kaum mehr anwendbar sind. Selbst Institutionen, die früher ausdrücklich nur niederländischen Staatsbürgern offenstanden, insbesondere politische Institutionen, haben zumindest auf lokaler Ebene die Tür für legal hier lebende Ausländer geöffnet, indem sie ihnen das Wahlrecht zusprachen. Und in einem bestimmten Umfang wurde das Tor des Nationalstaates auch dadurch geöffnet, daß Ausländern der formale Zugang zur niederländischen Staatsbürgerschaft erleichtert wurde. (Vgl. das neue Gesetz über die niederländische Staatsbürgerschaft von 1985 und das Akzeptieren der doppelten Staatsangehörigkeit.) Somit wird die Auseinandersetzung um die Minoritätenpolitik nunmehr zwischen der Ideologie der Gleichheit, der gleichen Rechte und Gleichberechtigung des Einzelnen im Wohlfahrtsstaat einerseits und der der kulturellen und religiösen Rechte für einzelne Gruppen andererseits geführt; in den Niederlanden sind die Argumente für letztere oft in der Tradition der "Versäulung" begründet. Solche Argumente werden in der Praxis gestützt durch die Säulenstruktur der niederländischen Gesellschaft, die trotz der in den letzten drei Jahrzehnten erfolgten Säkularisierung nach wie vor besteht.

Literatur

Amersfoort, H. van: Immigration and the formation of minority groups: the Dutch experience 1945-1975, Cambridge 1982.

Amersfoort, H. van, B. Surie: Immigratieland tegen wil en dank; Nederland 1970-1985, in H. van der Wusten (Hrsg.): Postmoderne aardrijkskunde; de sociografische traditie voortgezet, Muiderberg 1987.

Bartels, D.: Moluccans in exile, Leiden 1989.

Beune, H.H.M., A.J.J. Hessels: Minderheid - minder recht? Een inventarisatie van bepalingen in de Nederlandse wet - en regelgeving waarin onderscheid gemaakt wordt tussen allochtonen en autochtonen, Den Haag 1983.

Bovenkerk, F.: Een eerlijke kans; rapport van de Adviescommissie Onderzoek Minderheden, ACOM-advies, Den Haag 1986.

Driessen, G., P. Jungbluth, J. Louvenberg: Onderwijs in eigen taal en cultuur: doelopvattingen, leerkrachten, leermiddelen en omvang, Den Haag 1988.

Eldering, L.: Ethnic minority children in Dutch schools: underachievement and its explanations, in L. Eldering, J. Kloprogge: Different cultures, same school, ethnic minority children in Europe, Amsterdam/Lisse 1989.

Entzinger, H.B.: Nederland immigratieland?, in Beleid en Maatschappiji, 2 (1975) 12, S. 326-336.

Entzinger, H.B.: Het minderhedenbeleid; dilemma's voor de overheid in Nederland en zes andere immigratielanden in Europa, Meppel/Amsterdam 1984.

Entzinger, H.B.: The Netherlands, in T. Hammer (Hrsg.): European immigration policy, a comparative study, Cambridge 1985, S. 50-88.

Fase, W., G. van den Berg: Theorie en praktijk van intercultureel onderwijs, Den Haag 1985.

Graaf, H. de, R. Pennix, E. Stoové: Minorities policies, social services in ethnic organizations in the Netherlands, in S. Jenkins (Hrsg.): Ethnic associations and the welfare state; services to immigrants in five countries, New York 1988, S. 203-238.

Groenendijk, K.: Minderhedenbeleid in een onwillig immigratieland, in Ars Aequi 30 (1981) 10, S. 531-547.

Groenendijk, C.A.: Migratiebeheersing, controle en discriminatiebestrijding: de dubbelbelzinnigheid van het overheidsbeleid, Voordracht Congres Etnische Minderheden, Den Haag, November 1987.

Lijphart, A.: Verzuiling, pacificatie en kentering in de Nederlandse politiek, Amsterdam 1968.

Lucassen, J., R. Pennix: Nieuwkomers; immigranten en hun nakomelingen in Nederland 1550-1985, Amsterdam 1985.

Ministerie van Binnenlandse Zaken: Regeringsreactie op het rapport "Etnische minderheden" van de Wetenschappelijke Raad voor het Regeringsbeleid, Den Haag 1980.

Ministerie van Binnenlandse Zaken: Ontwerp-minderhedennota, Den Haag 1981.

Ministerie van Binnenlandse Zaken: Minderhedennota, Staatsuitgeverij (Stukken Tweede Kamer 1982-1983, 16102, nr. 21), Den Haag 1983.

Muus, Ph.J.: Migration, minorities and policy in the Netherlands: recent trends and developments, Amsterdam 1989 und 1992.

Pennix, R., C.S. van Praag, J.J. Schoorl: The impact of international migration upon receiving countries; the case of the Netherlands, Amsterdam/Lisse 1993.

Scientific Council for Government Policy: Ethnic minorities, Report 17, The Hague 1979.

Scientific Council for Government Policy: Immigrant policy, Report 36, The Hague 1990.

Janny Arends

Junge Migranten auf dem niederländischen Arbeitsmarkt

Die soziale Stellung vieler Migranten in den Niederlanden ist nicht sonderlich günstig. Typisch für sie ist, daß sie kaum über höhere Schulbildung verfügen und stark von Arbeitslosigkeit betroffen sind. Insbesondere die jungen Migranten befinden sich im Vergleich zu ihren 'einheimischen' Altersgenossen in einer schwierigen Situation. Ehe ich auf die Perspektiven auf dem Arbeitsmarkt eingehe, möchte ich kurz die Migrantengruppen beschreiben, um die es in diesem Beitrag geht. Es werden vier der größten Migrantengruppen in den Niederlanden berücksichtigt, nämlich Einwanderer aus der Türkei, aus Marokko, Surinam und von den Antillen. Insgesamt machen die Migranten in den Niederlanden etwa 7% der Bevölkerung aus. Die erste Generation der türkischen und marokkanischen Einwanderern kam in den sechziger Jahren in die Niederlande, um hier zu arbeiten. Ihr Bildungsstand war generell schlecht. Mit dem Geld, das sie verdienten, konnten sie ihre Familien in der Türkei und Marokko versorgen. Im Gegensatz dazu waren Surinam und die Antillen früher niederländische Kolonien gewesen, und folglich ist die Arbeitsmigration ein vergleichsweise unbedeutender Faktor für die Menschen aus diesen Ländern. Sie kamen aus anderen Gründen in die Niederlande: wegen der besseren Ausbildungsmöglichkeiten, dem größeren Wohlstand und - insbesondere für die Surinamesen - aus politischen Gründen (Reubsaet, 1988). Ihr Ausbildungsniveau ist generell höher als das der türkischen und marokkanischen Einwanderer, liegt jedoch etwas niedriger als das der 'einheimischen' Bevölkerung. Die Arbeitslosigkeit unter den Migranten in den Niederlanden ist generell hoch. 1988 waren 13% der 'einheimischen' Bevölkerung, 27% der Surinamesen, 42% der Marokkaner und 44% der Türken arbeitslos (WRR, 1989). In den letzten Jahren ist die Arbeitslosigkeit generell gesunken, doch unter den ethnischen Minderheiten steigt sie weiterhin an. Für die jungen Menschen zwischen 16 und 25 Jahren ist die Situation häufig besonders schlimm; Arbeitslosenquoten von mehr als 50% sind keine

Seltenheit (SPVA, 1988). Bei den niederländischen Jugendlichen beträgt die Arbeitslosenrate 16%.

Das Phänomen der Arbeitslosigkeit sollte nicht isoliert betrachtet werden, da es sehr eng mit dem Ausbildungsniveau verknüpft ist. Die Anzahl der Migranten, insbesondere der türkischen und marokkanischen Schüler, die eine weiterführende Schule besuchen, ist niedriger als die der niederländischen Jugendlichen. Die Kinder der Bevölkerungsgruppen ethnischer Minderheiten sind im allgemeinen in den unteren Bereichen der weiterführenden Ausbildung überrepräsentiert, und im Vergleich zu niederländischen Schülern liegt die Zahl der Jugendlichen aus der Türkei, aus Marokko, Surinam und von den Antillen, die die Schule ohne Abschluß verlassen, wesentlich höher. Fast 60% der marokkanischen Schüler, die eine beliebige Form von weiterführender oder höherer Schule besuchen, verlassen diese ohne Abschluß. Bei den niederländischen Schülern beträgt die entsprechende Quote nur 10%. Und wie allseits bekannt sein dürfte, sind die Perspektiven auf dem Arbeitsmarkt für Schulabbrecher gemeinhin sehr ungünstig.

Es muß jedoch betont werden, daß das Fehlen einer angemessenen Qualifikation nicht der einzige Grund für die ungünstige Stellung der ethnischen Minderheiten auf dem niederländischen Arbeitsmarkt ist. Bei vergleichbarer Schulbildung liegt die Arbeitslosenrate bei den Mitgliedern ethnischer Minderheiten doppelt so hoch wie bei den Niederländern. Hierfür gibt es sowohl allgemeine als auch spezifische Erklärungen.

Zunächst möchte ich kurz auf die allgemeinen Erklärungen eingehen, die sich vor allem auf die wirtschaftliche Entwicklung beziehen. Von etwa Mitte der siebziger Jahre bis zum Beginn der achtziger Jahre ging die Anzahl der Arbeitsplätze für ungelernte und wenig qualifizierte Arbeitnehmer drastisch zurück. Die Arbeitsmigranten waren in diesen Bereichen überrepräsentiert und folglich in erster Linie von den Massenentlassungen betroffen. Dies lag zum Teil daran, daß in den Niederlanden bei Entlassungen grundsätzlich das Alter berücksichtigt wird. Da die Arbeitnehmer aus der ethnischen Bevölkerungsgruppe meist jung waren, verloren sie auch als erste ihren Arbeitsplatz. Überdies zeigte sich die Tendenz, schlecht ausgebildete Arbeitnehmer durch besser ausgebildete zu ersetzen, was sich ebenfalls hauptsächlich auf die Angehörigen ethnischer Minderheiten auswirkte.

Ich möchte mich nun einigen speziellen Erklärungsansätzen für die hohe Arbeitslosenrate bei jungen Arbeitsmigranten zuwenden und mich dazu auf ein Forschungsprojekt stützen, das ich vor etwa zwei Jahren mit einem Kollegen durchgeführt habe. Wir gingen zunächst von der Tatsache aus, daß es neben den vielen arbeitslosen jungen Migranten auch Jugendliche gibt, denen es gelungen ist, eine Arbeitsstelle zu finden. Hier läßt sich eine Unterscheidung zwischen drei Kategorien bzw. Ebenen vornehmen. Die niedrigste Kategorie umfaßt Jugendliche mit sehr geringem Bildungsstand, die meist ohne Arbeit sind. Wegen der ansteigenden Kriminalität und der Wohnungsnot in den Großstädten wird dieser Gruppe derzeit viel Aufmerksamkeit gewidmet. Die höchste Kategorie umfaßt diejenigen mit guter Ausbildung und einer interessanten, befriedigenden Arbeit. Die mittlere Ebene umfaßt die interessanteste Gruppe. Diese Jugendlichen haben einen gewissen Bildungsstand und möglicherweise auch eine Arbeitsstelle, meist allerdings keine feste. Diese Gruppe ist mit 80% die zahlenmäßig größte der drei genannten Kategorien. Welche Erfahrungen haben diese Jugendlichen mit ihrem Arbeitsplatz gesammelt und wie sehen ihre Zukunftsperspektiven aus? Ich werde diese Fragen anhand einer Reihe von Problembereichen, die die Karrierechancen behindern, näher beleuchten. Unser Forschungsprojekt beschränkte sich auf junge türkische Migranten, aber es gibt kaum Anzeichen, die darauf hindeuten, daß die Situation der anderen Migrantengruppen besser ist. Wir befragten junge türkische Männer und Frauen über ihre Arbeit und sprachen mit ihren Arbeitgebern. Dieser zweiseitige Ansatz ermöglichte es uns, die Situationen und Ereignisse aus unterschiedlichen Perspektiven zu betrachten.

Die Stellung der türkischen Jugendlichen auf dem Arbeitsmarkt ist im allgemeinen nicht sonderlich positiv. Sie haben zeitlich begrenzte und unsichere Jobs und arbeiten in der Regel in Bereichen mit geringen Aufstiegschancen. Niedrige Löhne und das Fehlen einer Zukunftsperspektive sind charakteristisch für diese Tätigkeiten. Die Frauen arbeiten meist am Fließband, die Männer in der Produktion oder im Wartungsbereich. Viele Jugendliche arbeiten für Zeitarbeitsunternehmen, meist in Bereichen, wo ausschließlich Migranten eingesetzt werden. Es hat sich so etwas wie ein 'Arbeitssektor für Farbige' entwickelt - ein Sektor, auf dem vorwiegend Migranten und nur sehr wenige 'einheimische' Jugendliche beschäftigt werden. Nur ganz wenigen Jugendlichen, die für Zeitarbeitsfirmen tätig sind, gelingt es, eine dauerhafte Anstellung zu bekommen.

Schlecht ausgebildete Jugendliche wechseln, in der Hoffnung auf eine bessere Position, freiwillig recht häufig ihre Arbeitsstelle. Die Gründe für einen solchen Arbeitsplatzwechsel sind meist negativ: Die Arbeit ist zu schwer, es gibt Auseinandersetzungen mit Kollegen oder Probleme zuhause. Junge Migrantinnen scheinen ihre Arbeitsstelle recht schnell zu wechseln und sich keine allzugroßen Sorgen wegen dieser permanenten Übergangssituation zu machen. Sie haben die Erfahrung gemacht, daß es genügend freie Stellen in der Produktion gibt und daß sie problemlos anderswo einen Job finden können. Die jungen Männer hätten eigentlich lieber einen sicheren Job und tun alles, um das zu erreichen, aber selten mit Erfolg. Eine Folge der häufigen Arbeitsplatzwechsel ist, daß die Jugendlichen nicht genügend Berufserfahrung sammeln können, um langfristig einen besseren Arbeitsplatz zu finden. In den meisten Unternehmen müssen sie wieder ganz unten anfangen. Eine Möglichkeit, aus dieser hoffnungslosen Situation herauszukommen, wäre beispielsweise die Teilnahme an einem Lehrgang oder anderen fortbildenden Maßnahmen. Doch diese Chance ist gering für die Jugendlichen, da sie fast immer in sogenannten "Sackgassen-Jobs" tätig sind. Hier zählt nur die Erfahrung. Darüber hinaus haben viele Jugendliche Probleme mit dem niederländischen Schulsystem. Ein zweiter Faktor ist die Einstellung der Jugendlichen selbst: sie legen größeren Wert darauf, 'Geld zu verdienen' als sich weiter fortzubilden. Die Probleme mit der Arbeitsplatzsicherheit und dem Rentenanspruch sind nicht die einzigen Nachteile bei zeitlich begrenzen Arbeitsverträgen. Betriebs- und Abteilungsleiter scheinen dazu zu neigen, die schmutzige, körperlich schwere Arbeit den Aushilfskräften zu überlassen. Außerdem kann sich bei zeitlich begrenzten Arbeitsverträgen keine berufliche Zukunftsperspektive entwickeln, und sie führen häufig zu Problemen mit anderen Arbeitnehmern. Vorgesetzte scheinen Festangestellten eher recht zu geben.

Erstaunlicherweise berichten Jugendliche über Diskriminierung in der Schule und anderswo häufiger als über Diskriminierung im Betrieb.

Dafür gibt es mehrere Gründe. Erstens besteht im Betrieb ein gewisser Druck, sich über eine längere Zeitspanne hinweg anzupassen. Zweitens fühlt man sich im Betrieb den Arbeitskollegen gleichgestellt, weshalb es auch leichter fällt, sich im Fall von Diskriminierung zur Wehr zu setzen. Drittens sind viele Jugendliche besonders bestrebt, sich anzupassen, was dazu führen kann, daß Konflikte von vornherein vermieden oder schneller beigelegt werden. Dies bedeutet aber nicht, daß es in den Betrieben keine Diskriminierung gibt, und die meisten männlichen Jugendlichen wurden damit in irgendeiner Form auch konfrontiert. Im Gegensatz dazu erfahren die weiblichen Jugendlichen Diskriminierung viel häufiger im Betrieb als in der Schule oder anderswo. In der Schule kommen die verschiden ethnischen Gruppen recht gut miteinander aus, doch in den Betrieben kommt es regelmäßig zu Konflikten zwischen eingewanderten und 'einheimischen' Arbeitnehmern. Dies gilt besonders für Unternehmen, in denen viele Einwanderer beschäftigt sind.

Die Arbeitgeber sind über die Migranten geteilter Meinung. Im allgemeinen sind sie zufrieden mit ihren eingewanderten Arbeitnehmern und beurteilen sie besser als die 'einheimischen' Jugendlichen, besonders hinsichtlich ihrer Bereitschaft, sich anzupassen und einzugliedern. Dennoch zählen sie sechs Konfliktbereiche auf: Urlaub, Fehlen wegen Krankheit, den Ramadan, mangelhafte Sprachkenntnisse, niedriges Bildungsniveau und geringe Bereitschaft zu weiterer Fortbildung und schließlich ein vages Gefühl des "Fremdseins". Obwohl die Arbeitgeber der Meinung sind, die eingewanderten Jugendlichen würden ihren 'einheimischen' Kollegen immer ähnlicher, betrachten sie diese Jugendlichen noch immer als 'anders'. Die Tatsache, daß etliche Arbeitgeber bewußt ein Gleichgewicht zwischen 'niederländischen' und 'ausländischen' Arbeitnehmern herbeiführen wollen, damit letztere nicht zahlenmäßig oder kulturell dominieren, zeugt davon. Diese Politik ist in den Augen der Arbeitgeber durchaus in Ordnung und liegt im Interesse des Unternehmens, wobei insbesondere die Argumente Kommunikation, Akzeptanz von seiten der 'einheimischen' Arbeitnehmer sowie Kontrolle über die betrieblichen Aktivitäten angeführt werden.

Die Eingliederung der eingewanderten Arbeitnehmer in das Unternehmen wird noch immer als einer der wichtigsten Faktoren genannt.

Die Jugendlichen aus den ethnischen Minderheiten bilden auf dem Arbeitsmarkt eine Art Unterschicht; sie haben untergeordnete Positionen mit vergleichsweise schlechter Perspektive inne. Nur wenigen gelingt es, eine sichere Arbeitsstelle zu bekommen. Hier läßt sich ein Zusammenhang mit einer Entwicklung in großen Unternehmen feststellen, bei der eine Differenzierung des Personals zu erkennen ist. Zum einen gibt es Randbelegschaften mit sehr geringer Bildung, zum anderen Stammbelegschaften mit Mehrfachqualifikation. Die Jugendlichen aus den ethnischen Minderheiten gehören vorwiegend den Randbelegschaften an und haben wenig Aussicht, in die Stammbelegschaft vorzudringen.

Zu den strukturellen kommen subjektive Faktoren hinzu, wie z.B. das Bild der Arbeitgeber bei den jugendlichen Migranten und umgekehrt. Vielen der türkischen Jugendlichen fällt die Unterscheidung leicht zwischen dem eher autoritäten Führungsstil, der normalerweise von türkischen Vorgesetzten angewandt wird, und der auf Anhörung der Arbeitnehmer basierenden Methode vieler niederländischer Arbeitgeber. Dennoch ist diesen Jugendlichen völlig klar, daß ihre Stellung innerhalb des Unternehmens von totaler Abhängigkeit geprägt ist, und zwar unabhängig vom Führungsstil. Zum Teil greifen die Arbeitgeber zurück auf ihre Erfahrungen mit der ersten Generation der Einwanderer und meinen, Migranten würden immer 'fremd' sein, trotz Anpassung. Zwar sind andere Arbeitgeber der Meinung, die jungen Migranten würden ihren 'einheimischen' Altersgenossen immer ähnlicher, doch auch sie halten gewisse Unterschiede fest. Teilweise beziehen sich diese Unterschiede auf konkrete Tatsachen wie z.B. 'schlechtere Beherrschung der niederländischen Sprache' oder 'geringeres Interesse an Weiterbildung', teilweise auf Erfahrungen mit älteren Migranten, die ihre Sicht der Jugendlichen beeinflussen. Es scheint, daß das Bild der Jugendlichen sich in einem Stadium des Umbruchs befindet, aber immer noch hinter den aktuellen Entwicklungen hinterherhinkt.

Was läßt sich daraus schließen? Die Erfahrungen von schlecht ausgebildeten Jugendlichen aus den ethnischen Minderheiten und die Position der Arbeitgeber deuten ein gewisses Maß an Diskriminierung in der Arbeitswelt an. Das Image der jugendlichen Migranten ist etwas negativer, und einige Arbeitgeber versuchen, ein quantitatives Gleichgewicht zwischen 'niederländischen' und 'ausländischen' Arbeitnehmern herzustellen. Wie bereits gesagt, betrachten sie dies nicht als Diskriminierung, sondern sind der Auffassung, dies liege im Interesse des Unternehmens. Ein wesentlicher Punkt ist, daß die ausländischen Jugendlichen in einem neuen Unternehmen immer wieder ganz unten anfangen müssen, mit geringer Aussicht auf Verbesserung ihrer Position. Daraus läßt sich schließen, daß die Diskriminierung Einzelner durch Einzelne nur einen Teil des Problems ausmacht. Es gibt auch ein strukturelles Problem, nämlich das des 'Arbeitssektors für Farbige'. Jugendliche Migranten werden auf begrenzte Zeit für ungelernte Tätigkeiten in der Produktion eingestellt, die praktisch keine Zukunftsperspektive bieten, und in Unternehmen, die wenig für die innerbetriebliche Fortbildung tun. Eine dauerhafte Anstellung zu bekommen ist sehr schwierig, und es ist fast unmöglich, aus dieser Situation herauskommen.

Wie sehen die Zukunftsaussichten dieser Jugendlichen aus? Welche Maßnahmen wurden bisher ergriffen und welche sollten ergriffen werden? Die Gesellschaftsstruktur der Niederlande ist auf Konsens ausgerichtet; Entscheidungen im sozio-ökonomischen Bereich werden erst nach langen Verhandlungen zwischen Arbeitgebern, Gewerkschaften und Vertretern des Staates gefällt. Der Vorteil dieser Vorgehensweise liegt auf der Hand; der Nachteil besteht darin, daß Maßnahmen häufig Kompromißcharakter haben und sehr oft zu spät kommen. Im Augenblick lassen sich drei Ansätze unterscheiden:

- Es gibt allgemeine Pläne, z.B. die Bereitstellung von tausend Arbeitsstellen für eine spezifische ethnische Gruppe innerhalb eines Zeitraums von zwei Jahren. Solche Pläne sind meist politische Steckenpferde und basieren nicht auf einer realistischen Problemeinschätzung.

- Es wird Geld für Einstellungsförderung und Aus- und Weiterbildungsprogramme bereitgestellt, doch bisher hat sich dieser Ansatz nicht als sehr er folgreich erwiesen.

- Vertreter der Arbeitgeberseite haben ehrgeizige Pläne entwickelt, Migranten in großer Zahl einzustellen, doch nach einiger Zeit mußten sie eingestehen, daß sie zu optimistisch gewesen waren.

Die niederländische Politik ist letztlich zu einseitig ausgerichtet. Sie konzentriert sich zu sehr auf die Migranten; deren Mangel an angemessenen Fähigkeiten und Qualifikationen wird als das Hauptproblem angesehen. Die niederländischen Arbeitgeber wurden bislang völlig aus der Angelegenheit herausgehalten; der Schwerpunkt liegt allein auf den Arbeitnehmern; aktive Bevorzugungspolitik und Einhaltung der Verträge treffen nicht auf große Begeisterung. Solange an diesem einseitigen Ansatz festgehalten wird, ist kein Durchbruch zu erwarten.

Literatur

Arends, J.: Jonge Turkse vrouwen in het bedrijfsleven, Leiden 1990.

Bujis, F.: Aan de rand van de arbeidsmarkt, Leiden 1990.

Reubsaet, T.: On the way up? Surinamese and Antilleans in the Dutch labour-market, in: M. Cross, H. Entzinger (Hrsg.): Lost illusions, London 1988.

Roelandt, T., J. Veenman: Ethnic minorities in the Netherlands, education and labour-market opportunities: policy and research, in: Ph. Muus: Migration, minoriites and policy in the Netherlands, Amsterdam 1990.

Wettenschappelijke Raad voor het Regeringsbeleid: Allochtonenbeleid (WRR), Den Haag 1989.

J.J.H.M. Metzemakers

Politik machen mit den Menschen, um die es geht

Die Gemeinde Den Haag legt großen Wert auf die faktische Einbeziehung von Migranten bei der Formulierung und Ausführung der Minderheitenpolitik. Diese Einbeziehung ist grundlegend.
Effektive Politik macht man mit den Menschen, um die es geht.
Dann weiß man, daß die Maßnahmen auch tatsächlich an die Erlebniswelt derjenigen anschließen, auf die sie abzielen und daß die Zielgruppe diese Maßnahme auch trägt.

Die Tatsache, daß es derzeit Gruppen mit erheblichen Benachteiligungen in unserer Gesellschaft gibt und daß diese trotz aller Bemühungen kaum weniger werden, hat meiner Ansicht nach sehr viel mit der Tatsache zu tun, daß diese Gruppen nicht oder kaum in die politischen Entscheidungsprozesse einbezogen sind. Das gilt für sozial benachteiligte autochthone niederländische Gruppen, in besonderem Maße aber für Migranten.

In der Politik, der Spitze des Beamtentums, in der Wirtschaft, im Ausbildungswesen, in den Medien und anderen gesellschaftlichen Institutionen spielen Migranten bestenfalls eine marginale Rolle. Dadurch wird in den Machtzentren in den Niederlanden und in den anderen westeuropäischen Staaten zwar viel **über** Migranten gesprochen, doch kaum **mit** ihnen. Entscheidungen über Migranten werden meist getroffen, ohne daß sie daran beteiligt waren. Bestenfalls hatten sie ein Mitspracherecht angesichts eines bereits vollständig durchkonzipierten Plans, in einem Stadium, in dem kaum noch die Bereitschaft besteht, zu den Grundlagen zurückzukehren oder neuen Gesichtspunkten Platz zu schaffen. Die von oben stammenden Pläne und Maßnahmen schließen auf diese Weise oftmals nur unzulänglich an die Erlebniswelt und die Bedürfnisse von Migranten an und erweisen sich dadurch als kaum sinnvoll. Sie alle kennen dafür Beispiele.

Aber es geht auch anders. Es kann eine wachsende Zahl von Beispielen für Maßnahmen genannt werden, die wirkungsvoll waren, weil sie aus den Ideen und den Initiativen der Migranten selbst entsprungen sind und weil Migranten direkt bei der Planung und der Ausführung dieser Maßnahmen beteiligt waren.

Ich nenne zwei Beispiele aus der Praxis in Den Haag:

- Allochthone ältere Menschen standen lange Zeit reserviert niederländischen Pflege- und Seniorenheimen gegenüber. Als dann bei einem solchen Seniorenheim eine Tagesaufenthaltsstätte für surinamische Senioren eingerichtet wurde, geleitet von Menschen aus der Zielgruppe selbst, entstand eine Vertrauensbeziehung. Inzwischen sind bereits viele ältere Menschen in ein Seniorenheim gegangen.

- Versuche der Gemeinde Den Haag, allochthone Mitarbeiter zu werben, mißlangen stets. Erst als die Gemeinde Personalberater einstellte, die aus den Migrantengruppen kamen und die Informationskanäle innerhalb der verschiedenen Migrantengemeinschaften einzubeziehen wußten, bewarben sich große Gruppen allochthoner Menschen bei der Gemeinde. Inzwischen ist der Anteil der Migranten bei den städtischen Angestellten auf fast 14% gestiegen.

Immer wieder stellt sich heraus, wie wichtig es ist, daß die Entscheidungsträger direkten Kontakt zu Migranten bekommen und ohne Vermittler mit ihnen in einen Dialog eintreten können.

Dafür können verschiedene Wege beschritten werden. Drei dieser Wege möchte ich kurz Revue passieren lassen. Der erste liegt im Bereich der nationalen Behörden und der politischen Parteien: das Wahlrecht. Die beiden anderen Wege liegen im Bereich der Gemeinde. Als Ergänzung zum Wahlrecht können Gemeinden einerseits spezifische Mitsprachemöglichkeiten für Migranten schaffen und andererseits die Teilnahme von Migranten an allgemeinen Organisationen und Strukturen fördern.

Politische Beteiligung

Die direkteste Form der Beteiligung ist das Wahlrecht. Mit der Zuerkennung des Wahlrechts auf lokaler Ebene haben die Niederlande einen wichtigen Schritt zur Emanzipation der Migranten getan. In einer Stadt wie Den Haag sind fast 20% der Bevölkerung nicht niederländischer

Herkunft. Migranten sind also als Wähler interessant. Diese Tatsache hat sicherlich dazu beigetragen, daß die politischen Parteien den Migranten mehr Aufmerksamkeit schenkten. Nicht nur aus Betroffenheit über ihr Schicksal, sondern auch aus wohlverstandenem Eigeninteresse. Die Migranten sind darauf eingegangen. Wer allochthone Stimmen für sich gewinnen wollte, der mußte auch allochthone Kandidaten auf seine Liste setzen. Auch die Surinamer profitierten davon, obwohl sie schon immer die niederländische Staatsbürgerschaft und deshalb auch das Wahlrecht besaßen.

Das hat dazu geführt, daß inzwischen in vielen niederländischen Gemeinderäten ein oder mehrere allochthone Ratsmitglieder zu finden sind. Bei den letzten Wahlen wurden in Den Haag drei Allochthone zu Stadtratsmitgliedern gewählt (von insgesamt 45). Das scheint ein schönes Ergebnis zu sein, umso mehr, als diese drei aus drei verschiedenen politischen Parteien stammten. Dem steht gegenüber, daß bei den gleichen Wahlen auch drei extrem rechte Kandidaten gewählt wurden.

Mit dem kommunalen Wahlrecht haben die Migranten zum ersten Mal einen Platz erobert, der ihnen die Möglichkeit gibt, über die Gestaltung der Gesellschaft mitzuentscheiden. Dies ist nur ein kleiner Erfolg, denn die Macht des Stadtrats ist beschränkt.

Aber es ist ein Anfang. Von dort aus werden sich die Migranten durchsetzen und ihre Position weiter ausbauen müssen. Die allochthonen Ratsmitglieder können dafür sorgen, daß die politischen Parteien spezifische Probleme und Bedürfnisse der Migranten stärker berücksichtigen. Vielleicht noch wichtiger ist, daß sie zeigen können, daß Migranten nicht nur für ihre eigenen Teilinteressen einstehen, sondern auch Verantwortung für das Allgemeinwohl in der Gesellschaft als Ganzes tragen können und wollen. Die allochthonen Ratsmitglieder sind für alle Einwohner ihrer Gemeinde da, nicht nur für die Migranten. Für das Bild, das man sich von Migranten macht, ist dies von sehr großer Bedeutung.

Diese Entwicklung muß unterstützt und weiter ausgebaut werden. Ein logischer nächster Schritt wäre in dieser Linie die Erweiterung des Wahlrechts für Ausländer auf die Provinzparlamente und die Zweite Kammer.

Wahlrecht allein reicht noch nicht

Das Wahlrecht ist ein erster Schritt, aber es reicht noch lange nicht. Ich will dies an vier Problempunkten illustrieren.

- Zahlreiche Migranten haben den Weg in die politischen Parteien noch nicht gefunden. Teilweise deshalb, weil es schwierig für sie ist, Anschluß an die typisch niederländische Parteikultur zu finden, teilweise deshalb, weil das politische Bewußtsein bei Migranten nicht größer ist als bei niederländischen sozial rückständigen Gruppen. Die Wahlbeteiligung bei Migranten betrug bei den letzten Wahlen etwa 40%, weniger als der Durchschnitt, aber fast ebenso hoch wie bei ihren autochthonen Nachbarn in den alten Vierteln. Bemerkenswert ist übrigens, daß die Migranten, die politisch aktiv sind, fast allesamt Anschluß bei den etablierten politischen Parteien suchen. Es gibt zwar einige spezielle Migrantenparteien, doch diese haben kaum Wähler.

- Politische Parteien müssen ständig Entscheidungen treffen und die Interessen von Migranten gegen andere Interessen abwägen. Es gibt in zunehmendem Maße Gegendruck. Der Auftrieb, den die extreme Rechte erfährt, hat auch in den Niederlanden viel Staub aufgewirbelt. Es gibt eine gesellschaftliche Diskussion, die zwar extrem rechte Positionen ablehnt, die aber andererseits auch eine schärfere Gangart bei der Migrantenpolitik fordert. Diese Forderungen zielen größtenteils auf die Einschränkung des Zustroms neuer legaler und illegaler Immigranten ab, aber auch die Positionen der bereits in den Niederlanden ansässigen Migranten bleiben nicht unberührt. So wird wieder regelmäßig über die Beschränkung des Rechts auf Familienzusammenführung und über das Kindergeld für Kinder, die im Herkunftsland bleiben, gesprochen. Politiker und Medien stellen auch immer nachdrücklicher eine Verbindung zwischen Migranten, insbesondere marokkanischen Jugendlichen, und Kriminalität sowie zwischen Migranten und Mißbrauch von sozialen Einrichtungen her. Diese Diskussionen, die häufig auf magerem oder mehrfach interpretierbarem Tatsachenmaterial beruhen, sorgen für ein negatives Bild von den Migranten als Gruppe und wirken sich daher negativ auf die Integrationspolitik aus.

Die politischen Parteien erkennen dies häufig nur unzulänglich. Es wird also ständig von außen her Druck auf die politischen Parteien und die Stadtverwaltung ausgeübt werden müssen, um die Interessen von Migranten sichtbar und lebendig zu erhalten, und auch, um den Mut aufzubringen, nötigenfalls gegen Teile der eigenen Gruppe auch weiterhin für die Rechte von Migranten zu kämpfen, gegen alle Formen von Rassismus und Diskriminierung.

- Migrantenpolitik kann innerhalb der politischen Parteien rasch zu einer eigenen Sparte werden, die einer oder zwei Personen in die Hände gelegt wird, die häufig selbst noch aus einer Migrantengruppe stammen. Damit wird die Thematik isoliert und entschärft. Zudem entsteht bei Migranten, die zu Stadtratsmitgliedern gewählt werden, zuweilen die Neigung, sich gerade bei der Migrantenpolitik nicht zu nachdrücklich zu profilieren, und zwar aus Angst, als Interessenvertreter statt als vollgültiger Politiker angesehen zu werden, der für jeden da ist.
Wichtig ist also, daß innerhalb der Parteien deutliche Vereinbarungen getroffen werden, wobei die Wortführerschaft im Zusammenhang mit der Migrantenpolitik nicht nur dem einen Migranten in der Fraktion zugeschoben wird. Allochthone Politiker müssen die Chance erhalten, sich in anderen Bereichen zu profilieren und deutliche inhaltliche Zusammenhänge zwischen Migrantenpolitik und Bekämpfung von Rückständigkeit, Arbeitsmarkt- und Schulpolitik herstellen.

- Ein wichtiger Teil der Beschlüsse, die für Migranten von Bedeutung sind, wird nicht vom Stadtrat gefaßt, sondern von anderen gesellschaftlichen Institutionen. Man denke nur an die Verwaltung von Wohnungsbaugesellschaften, Gewerkschaften, Schulen für Sonderschulunterricht und Einrichtungen des Wohlfahrtssektors. Auch dort müssen Migranten eine deutliche und erkennbare Stimme erhalten.

Teilweise liegt es bei den politischen Parteien, diese Probleme zu beseitigen. Zum anderen Teil liegt es eher beim Staat. Die Gemeinde Den Haag hat sich für eine aktive Politik entschieden, um die Partizipation von Migranten auf lokaler Ebene zu verbessern. Dabei geht man auf zweierlei Arten vor.

Es wurden spezielle mit Migranten besetzte Beratungsgremien gegründet. Die Beratungsgremien sprechen gegenüber dem Stadtrat auf dessen Wunsch hin, aber auch ungefragt, Empfehlungen aus. Teilweise sind sie Interessenvertreter, teilweise "Denkfabrik" für die Stadtverwaltung. Außerdem wird intensiv dafür gesorgt, daß die Beteiligung von Migranten an anderen Organisationen steigt.

Spezifische Mitsprachefaktoren

Den Haag kennt seit Anfang der achtziger Jahre zwei Beratungsorgane des Stadtrats, das "Beratungsgremium Ausländer" und das "Beratungsgremium Surinamer, Antillianer, Arubaner und Molukker". Ihre gesetzliche Grundlage ist ein Artikel im Gemeindegesetz, der besagt, daß für spezielle Themen oder Bereiche Kommissionen gegründet werden können, die auf Anfrage oder ungefragt die Stadtverwaltung beraten können. Im allgemeinen sind diese Empfehlungen nicht bindend, aber die Stadtverwaltung kann nur begründet davon abweichen.

Die Beratungsgremien verfügen jeweils über ein eigenes, selbständiges Sekretariat. Die Mitarbeiter des Sekretariats sind als Gemeindebeamte angestellt, aber verantwortlich sind sie nur den Mitgliedern des Beratungsgremiums.

Bis vor kurzem waren beide Beratungsgremien aus Vertretern der städtischen Migrantenorganisationen zusammengesetzt. Die meisten von ihnen waren Freiwillige, sie hatten unterschiedliche Erfahrung, unterschiedliche Ausbildung und verschiedene Hintergründe.

Diese Zusammensetzung hat Vor- und Nachteile. Ein großer Vorteil liegt in der direkten Beziehung der Mitglieder zu den Gruppen, aus denen sie stammen. Ein Nachteil ist, daß die Tätigkeiten des Beratungsgremiums unvermeidlich in die Nähe von Interessenvertretung gerückt wird. Das geht auf Kosten der Funktion als "Denkfabrik" sowie der Aufgabe als unabhängiger Berater. Für das Beratungsgremium Ausländer überwiegen die Vorteile die Nachteile. Es kann von einer Entwicklung hin zu einer breiteren Beratungsfunktion gesprochen werden. Dieser Prozeß braucht jedoch Zeit. Diese Entwicklung wurde gestört, weil jüngst eine Reihe von Organisationen aus dem Beratungsgremium ausgetreten sind und eigene Beratungsgremien für Türken, Marokkaner und Kurden gebildet haben. Diese sind von der Gemeinde nicht anerkannt worden. Den Haag hält es nicht für wünschenswert, neue Beratungsgremien einzurichten. Das kann nur zu einer Zersplitterung führen. Es besteht die Gefahr einander widersprechender Empfehlungen, wodurch die Beschlußfassung des Stadtrats erschwert wird.

Das "Beratungsgremium Surinamer, Antillianer, Arubaner und Molukker" besteht seit kurzem aus Sachverständigen, die von der Stadtratskommission für die Migrantenpolitik nach einem offenen Bewerbungsverfahren aufgrund einer Profilbeschreibung ausgewählt wurden. Für diese Zusammensetzung hat man sich aufgrund einer Auswertung entschieden, die zeigte, daß dieses Beratungsgremium sich eher zu einem Sachverständigen-Beratungsorgan entwickeln müßte. Eine weniger enge Beziehung zu den Organisationen des Wohlfahrtssektors und den Freiwilligengruppen wurde für wünschenswert gehalten.

Als Gemeinde kann man beim Umgang mit diesen Gremien in eine ganze Reihe von Fallen tappen. Zunächst läuft man Gefahr, daß man das Beratungsgremium (ohne es zu wollen) zur Legitimierung der städtischen Politik mißbraucht. Das Beratungsgremium darf kein Sieb werden, das sich zwischen Verwaltung und Zielgruppe stellt. Die Befragung des Beratungsgremiums ist kein Ersatz für direkte bilaterale Kontakte zwischen Gemeinde und Migranten. Zudem muß die Verarbeitungskapazität des Beratungsgremiums berücksichtigt werden. Ein großer Teil der Mitglieder besteht aus Freiwilligen mit wenig Erfahrung in Politik und Verwaltung. Aber dennoch will ein Beratungsgremium, das seine Aufgabe ernstnimmt, über fast alle Themen mitsprechen können. Auf diese Weise wird ein Beratungsgremium sehr schnell überlastet.

Bei Überforderung droht das Risiko, daß sich das Beratungsgremium festbeißt in Verfahren, weil es kaum an den Inhalt herankommt oder sich zu sehr von den Vorempfehlungen des Sekretariats abhängig macht. Wenn dies geschieht, schießt man schnell über das Ziel hinaus und von tatsächlichem Einfluß kann keine Rede mehr sein.

Ich muß ehrlich feststellen, daß es Den Haag etliche Jahre gekostet hat, um das festzustellen, was ich gerade erläutert habe. Und auch heute noch wird regelmäßig gegen diese Erkenntnis verstoßen.

Eine weitere Falle ist die, daß sich das Beratungsgremium als Inspekteur und Kontrolleur der Gemeindepolitik zu fühlen beginnt anstatt als Denkfabrik und Klangkörper. Dies führt unvermeidlich zu Frustration. Ein Beratungsgremium ist für eine solche Inspektionsaufgabe nicht ausgestattet und wird daher stets hinter den Entwicklungen herhinken.

Bessere Ergebnisse sind von einer Stärkung der Funktion als Denkfabrik zu erwarten. Ein gutes Mittel hierbei sind Themensitzungen. Losgelöst von der Aktualität des Tages wählt das Beratungsgremium ein Thema, beispielsweise die städtische Personalpolitik oder die Wohnraumverteilung, dem es eine ganze Sitzung widmet, eventuell mit Einführung durch Sachverständige aus der Gemeinde selbst oder von außerhalb. Die Schlußfolgerungen der Themensitzungen werden in der gleichen oder in einer nächsten Sitzung den verantwortlichen Politikern mit Bitte um Reaktion vorgelegt. Insbesondere letzteres wirkt sehr positiv: Weil damit auch erreicht wird, daß die Kontakte zwischen Migrantengruppen und Gemeinde nicht zu sehr bei speziell dazu benannten Beamten oder bei einem einzigen Mitglied der Stadtverwaltung konzentriert sind.

Beteiligung von Migranten in anderen Organisationen

Die spezifische Mitsprachestruktur bezieht sich auf die Beziehung zwischen Migranten und Gemeinde. Ich möchte jetzt etwas über die Beziehung zwischen Migranten und allgemeinen Organisationen sagen. Eine Reihe praktischer Probleme macht es den Migranten schwer, Anschluß an niederländische Einrichtungen und Organisationen zu gewinnen, wie etwa sozialkulturelle Zentren, Schulen, Sozialfürsorgeeinrichtungen, Jugendschutz, Jugendhilfe oder Wohnungsbaugesellschaften. In erster Linie ist es wichtig zu sehen, daß die Migranten auf einen fahrenden Zug aufspringen müssen. Niederländische Organisationen und Strukturen haben im Laufe der Jahre eine bestimmte Kultur im Umgang mit geschriebenen und ungeschriebenen Gesetzen entwickelt. Newcomer haben darüber nicht mitentschieden, aber es wird wohl davon ausgegangen, daß sie sich anpassen. Wer das nicht kann oder nicht will, der muß häufig wieder abspringen.

Ein zweites Problem ist folgendes: die meisten Organisationen erkennen abstrakt zwar die Notwendigkeit an, Migranten in ihre Beschlußfassung einzubeziehen, aber in ihrer eigenen konkreten Situation sehen sie zahlreiche unüberwindliche Probleme, die dem im Wege stehen. Häufig handelt es sich im Grunde um einen Mangel an Bereitschaft, sich tatsächlich zu öffnen und die eigene Kultur und die eigenen Werte zur Diskussion zu stellen. Migranten dürfen sich am Spiel beteiligen, aber nur, wenn sie die Spielregeln auch einhalten. Die Organisation sucht nach Migranten, die zur bestehenden Organisationskultur passen. Das Ziel müßte es hingegen sein, diese Kultur zu verändern und an die veränderte Zielgruppe anzupassen.

Die Gemeindepolitik von Den Haag zielt darauf ab, diese Mechanismen zu durchbrechen. Der Stadtrat hat die Norm erarbeitet, daß Organisationen soweit als möglich ein Spiegelbild derjenigen Gruppe sein sollen, für die sie tätig sind. Damit dies kein leeres Geschwätz bleibt, hat der Stadtrat in der allgemeinen Subventionsverordnung eine Emanzipationsbestimmung vorgesehen, Organisationen, die Subventionen der Gemeinde in Anspruch nehmen wollen, müssen zu erkennen geben, daß sie eine aktive Emanzipationspolitik betreiben, die auf Migranten und Frauen abzielt. Diese Politik muß nicht nur im Maßnahmenpaket der Organisation, sondern auch in der Zusammensetzung der Verwaltung und des Mitarbeiterbestandes zum Ausdruck kommen. Abschließendes Ziel hierbei ist eine gleichmäßige Vertretung von Migranten, jeweils im Verhältnis zur Zielgruppe der Einrichtung. Die Emanzipationsbestimmung hat viel Widerstand erzeugt. Dennoch werden allmählich Ergebnisse sichtbar. Der große Vorteil ist der, daß eine eindeutige Norm erarbeitet wurde, an der Organisationen gemessen werden können. Sie können jetzt daraufhin angesprochen werden.

Übrigens hat die Emanzipationsbestimmung hauptsächlich Bedeutung aufgrund ihres Symbolwerts. Sie verleiht denjenigen Organisationen, die sowieso schon guten Willens waren, noch einen zusätzlichen Anstoß. Die Sanktionen, die mit dieser Bestimmung verbunden sind, wurden bislang noch nie angewandt.

Natürlich gibt es Verständnis dafür, daß es für Organisationen häufig gar nicht so einfach ist, sich für Migranten zu öffnen. Es wird daher häufig versucht, wo dies möglich ist, diesen Prozeß durch fördernde Maßnahmen zu unterstützen, z.B. kann einem sozial-kulturellen Zentrum vorübergehend Geld zur Verfügung gestellt werden, um einen Mitarbeiter aus einer Migrantengruppe anzustellen. Eine solche Unterstützung ist immer nur vorübergehend und eine zusätzliche Maßnahme. Die Organisation muß selbst ebenfalls in diese Aktivitäten investieren wollen. Zusätzliches Geld wird für maximal drei Jahre zur Verfügung gestellt. Danach muß die Organisation dafür sorgen, daß die Aktivitäten vollständig in das reguläre Programm und die regulären Etats eingepaßt werden.

In vielen Fällen hat man sich entschieden, vorübergehend neben den allgemeinen Organisationen auch eine spezielle Migrantenorganisation aufzubauen. Dadurch sollten Migranten in geschützter Atmosphäre Wissen und Fertigkeiten erwerben können, die sie so nötig brauchen, um in eine allgemeine Organisation wechseln zu können. So gibt es in manchen Vierteln neben der allgemeinen Einwohnerorganisation auch eine marokkanische Bewohnergruppe, die durch Gemeinwesenarbeit unterstützt wird. Dies kann ein sinnvoller Zwischenschritt sein. Immer muß jedoch darauf geachtet werden, daß diese spezielle Organisation kein Eigenleben zu führen beginnt. Für Migranten kann es attraktiv sein, nur in den eigenen Kreisen zu bleiben. Für die allgemeine Organisation kann die Migrantenorganisation ein Alibi werden, um ihre eigenen Bemühungen auf kleiner Flamme zu kochen.

Eine letzte städtische Aktivität, die in diesem Rahmen genannt werden sollte, ist die Reservierung von Sitzen für Migranten in "allgemeinen", das heißt nicht speziell für Migranten eingerichteten Beratungsorganen, Kommissionen und Arbeitsgruppen (beispielsweise für Ausbildung, soziale Fürsorge, Emanzipation, Verwaltung von Gemeindewohnungen).

Auf diesen Wegen versucht Den Haag, den Migranten eine Stimme bei der Gestaltung der Gesellschaft zu geben, zu der ja auch sie gehören. Migranten gehören einfach dazu. Die Konsequenz, die sich daraus ergibt, ist die, daß auch sie die Möglichkeit haben müssen, mit zu entscheiden. Ich halte es für eine der Kernaufgaben der städtischen Minderheitenpolitik, dafür die Voraussetzungen zu schaffen.

Referenten, Tagungs- und Diskussionsleitung

Janny Arends, Leids Instituut voor Sociaal Wetenschappelijk Onderzoek, Universität Leiden

Prof. Dr. Friedrich Heckmann, Otto-Friedrich-Universität Bamberg

Gudrun Hentges, Philipps-Universität Marburg

Prof. Dr. Peter Kühne, Sozialakademie Dortmund

Dr. Ursula Mehrländer, Leiterin der Abteilung Arbeits- und Sozialforschung, Forschungsinstitut, Friedrich-Ebert-Stiftung, Bonn

J.J.H.M. Metzemakers, Berater des Stadtrats für Minderheitenpolitik der Gemeinde Den Haag

Dr. Ertekin Öczan, Verein sozialdemokratischer EinwanderInnen e.V., Berlin

Prof. Dr. Rinus Penninx, Freie Universität Amsterdam

Prof. Dr. John Rex, Centre for Research in Ethnic Relations, University of Warwick

Aydin Sayilan, Generalsekretär der Föderation der Volksvereine türkischer Sozialdemokraten; Forum für Migrantenorganisationen bei den Europäischen Gemeinschaften, Brüssel

Günther Schultze, Abteilung Arbeits- und Sozialforschung, Forschungsinstitut, Friedrich-Ebert-Stiftung, Bonn

Catherine Wihtol de Wenden, Centre d'Etudes et de Recherches Internationales, Paris

Dr. Pnina Werbner, International Centre for Contemporary Cultural Research, University of Manchester

Dr. John Wrench, Centre for Research in Ethnic Relations, University of Warwick

Reihe "Gesprächskreis Arbeit und Soziales"

Gesprächskreis Arbeit und Soziales Nr. 1
Ausländer im vereinten Deutschland - Perspektiven der Ausländerpolitik
(vergriffen)

Gesprächskreis Arbeit und Soziales Nr. 2
Industriebetriebe an der Schwelle zur Marktwirtschaft
(vergriffen)

Gesprächskreis Arbeit und Soziales Nr. 3
Zuwanderungspolitik der Zukunft
(vergriffen)

Gesprächskreis Arbeit und Soziales Nr. 4
Modernes Management in Unternehmen der alten und neuen Bundesländer
(vergriffen)

Gesprächskreis Arbeit und Soziales Nr. 5
Zukunft des Gesundheitswesens in den neuen Bundesländern
(vergriffen)

Gesprächskreis Arbeit und Soziales Nr. 6
Multikulturelle Gesellschaft - Der Weg zwischen Ausgrenzung und Vereinnahmung?
(vergriffen)

Gesprächskreis Arbeit und Soziales Nr. 7
Einwanderungskonzept für die Bundesrepublik Deutschland - Fakten Argumente, Vorschläge

Gesprächskreis Arbeit und Soziales Nr. 8
Zukunft sozialer Einrichtungen und sozialer Dienste in den neuen Bundesländern
(vergriffen)

Gesprächskreis Arbeit und Soziales Nr. 9
Sicherung des Gesundheitswesens in den 90er Jahren
(vergriffen)

Gesprächskreis Arbeit und Soziales Nr. 10
Branchenentwicklungen und Handlungsperspektiven betrieblicher Interessenvertreter in den neuen Bundesländern
(vergriffen)

Gesprächskreis Arbeit und Soziales Nr. 11
Der ostdeutsche Maschinenbau - Wege zur internationalen Wettbewerbsfähigkeit

Gesprächskreis Arbeit und Soziales Nr. 12
Flüchtlingsbewegungen und das Recht auf Asyl
(vergriffen)

Gesprächskreis Arbeit und Soziales Nr. 13
Verzahnung von Arbeitsmarkt-, Regional- und Wirtschaftspolitik - eine dringende Aufgabe in den neuen Bundesländern

Gesprächskreis Arbeit und Soziales Nr. 14
Einwanderungsland Deutschland: Bisherige Ausländer- und Asylpolitik - Vergleich mit europäischen Ländern

Gesprächskreis Arbeit und Soziales Nr. 15
Fremdenfeindlichkeit und Gewalt - Ursachen und Handlungsperspektiven
(vergriffen)

Gesprächskreis Arbeit und Soziales Nr. 16
Veränderungen des Arbeitsschutzrechtes in der Bundesrepublik Deutschland
(vergriffen)

Gesprächskreis Arbeit und Soziales Nr. 17
Gesundheitsstrukturgesetz - Geeignet zur Lösung der Probleme im Gesundheitswesen?

Gesprächskreis Arbeit und Soziales Nr. 18
Neue Ansätze in der Arbeitsmarktpolitik - Ist ein Gesamtkonzept für die neuen und alten Bundesländer erforderlich?

Gesprächskreis Arbeit und Soziales Nr. 19
Deutsche und Polen - Zwischen Nationalismus und Toleranz
(vergriffen)

Gesprächskreis Arbeit und Soziales Nr. 20
Betriebliche Gesundheitspolitik auf dem Prüfstand - Sind neue Konzepte für alternde Belegschaften erforderlich?

Gesprächskreis Arbeit und Soziales Nr. 21
Entstehung von Fremdenfeindlichkeit - Die Verantwortung von Politik und Medien

Gesprächskreis Arbeit und Soziales Nr. 22
Partizipationschancen ethnischer Minderheiten – Ein Vergleich zwischen Großbritannien, den Niederlanden und der Bundesrepublik Deutschland

Die Broschüren sind kostenlos zu beziehen bei:

Friedrich-Ebert-Stiftung
Abt. Arbeits- und Sozialforschung
Godesberger Allee 149
53170 Bonn